AF707898

Magische Elternrealität

Rega Kerner, Baujahr 1970, Berufesammlerin.
Aufgewachsen als norddeutsche Seemannstochter, wollte sie bücherschreibende Binnenschifferin werden, was am Recht der Frau scheiterte: An Bord ein WC zu teilen, war damals verboten.

Die Lebenswellen verschlugen sie zu diversen Tätigkeitsbereichen bei Film, Theater/Musical, Jugendarbeit und Multimedia/Internet. Bei all diesen Projekten blieb das Schreiben tragendes Element, unter anderem in Form von Konzepten, Dialogen, Werbetexten und Drehbüchern.

Für die Medien an den Rhein gezogen, fand sie als Kölner Fährfrau endlich zurück zum Wasser. Es folgte Fahrgastschifffahrt im Koblenzer Raum und rund zehn Jahre als Steuermann sowie Kapitänsfrau auf einem holländischen Motortankschiff. Hinzu kam ein Wohnboot als Meldeadresse. Mann mit Tanker ist weg, Boot mit Schulkind bleibt.

Zurück im Norden, verwirklicht sie nun, nach der Schifffahrt, auch den anderen Teil des Jugendtraumes, als alleinerziehende Schriftstellerin.

Rega Kerner

Magische Elternrealität

Weihnachten und Ostern mit Kind

Vier amüsante Novellen aus Bremen

Edition Falkenberg

Illustrationen: © Nicole Fabert www.paperworkbynicolefabert.de

Lektorat: Marita Pfaff, mp-Korrektorat

1. Auflage 2019

ISBN 978-3-95494-208-4
www.edition-falkenberg.de

Inhalt

Glaubenskrieg der Nikoläuse

Ein himmlischer Unfall
und seine menschlichen Folgen

Magische Elternrealität 1

In Holland kommt ›Sinterklaas‹ mit seinem Gehilfen ›Zwarte Piet‹ bereits am 5. Dezember zu den Kindern, während der deutsche Nikolaus noch seine Rentiere für morgen warmlaufen lässt.

Wenn beide zusammenstoßen, ergibt das einen himmlischen Unfall mit menschlichen Folgen:

Glaubenskrieg der Nikoläuse

Piet hing über der Reling und fütterte die Fische. Alle Jahre wieder wurde ihm speiübel, sobald die ›Pakjesboot 12‹ in Spanien ablegte, und dieses Leid dauerte endlose Tage an, bis zur Ankunft in Holland. Es blieb ihm ein Rätsel, warum sein Chef in Himmels Namen auf die Überfahrt mit diesem elenden Kutter bestand. Es gab doch Flugzeuge, bereits eine gefühlte Ewigkeit lang.

»Ach, nach drei Stündchen klimatisierter Reise bei ausgezeichneter Verköstigung landen in Amsterdam-Schiphol, vom politischen Komitee auf rotem Teppich begrüßt, das wäre mal fortschrittlich!«, jammerte er und unterdrückte den nächsten Würgereiz.

Sinterklaas trat lächelnd neben seinen schwarzen, momentan eher grünen Gehilfen, lüftete umständlich die goldverzierte Bischofsrobe und pinkelte über Bord.

»Na, zwarte Piet, gaat het? Jetzt hast du es ja bald wieder überstanden«, zwinkerte er verständnisvoll, dabei auf ein paar historische Windmühlen weisend, die seit Jahrhunderten nicht weit von ihrem Zielhafen mit den Flügeln klapperten.

◆

Am Ufer unter der ersten Windmühle spielte ein zierliches, blondes Mädchen, warf einen Stein in die Wellen, beobachtete den Verlauf der Kringel, bis die Bugwelle des Schiffes diese auflöste und riss entsetzt die Augen auf: »Der Mann da auf dem Wasser macht seinen Rock auf!«

Ihre Mutter schrak aus Grübeleien, wie sie den Süßigkeitenkonsum dieser Adventszeit beschränken könnte, hoch. Sie sah weder Mann noch Schiff, zog ihre Tochter aber sicherheitshalber am Ärmel zum Auto: »Es wird kalt. Komm, steig wieder ein, wir müssen noch ein ganzes Stück fahren bis wir in Deutschland sind.«

Auf der Autobahn lehnte die Mutter sich fast entspannt zurück, der Pflichtbesuch beim holländischen Kindsvater war wieder geschafft. Übermorgen Abend nur nicht vergessen die Nikolaus-Stiefel rauszustellen, danach könnte sie sich auf den nahenden Weihnachtsstress besinnen.

◆

Die spitzen, niedrigen Dächer Hollands fegten unter dem Schimmel des Sinterklaas dahin, ängstlich hinter dem Sattel kauernd, umklammerte Piet die Taille des Reiters. Die Seefahrt war schrecklich, aber dieses gehetzte Gefliege hasste er noch mehr. Insgeheim hoffte er deshalb, dass die Niederländer ihn endlich aus seinem Amt entlassen würden, auch wenn ihn die Gründe der seit 2013 engagiert darüber diskutierenden Erdenbürger eher amüsierten. Denn Piet empfand seine eigene Hautfarbe keineswegs als diskriminierend, wie sollte er auch. Dass er nicht mehr böse sein durfte schon eher. Bis in die siebziger Jahre erwartete man von ihm die Rute. Er war eine Respektsperson wie es sich für Heiligenbegleitungen gehörte, um dem Guten die Drecksarbeit abzunehmen. Aber plötzlich wurde er zum lächelnden Dienstleister degradiert. Diese

ständige Nettigkeit, egal was die Rotzlöffel anstellten, war ganz schön anstrengend und raubte ihm irgendwie den inneren Daseinszweck. Und jetzt ging es ihm auch noch an die Farbe. Wer war er schon noch? Ein aufgeputzter Sackträger?
Sinterklaas warf seinem Mitreiter einen mahnenden Blick über die Schulter zu: »Jetzt drück mich doch nicht so, du fällst schon nicht runter, ich kann ja kaum atmen!«
Dabei achtete er einen Moment nicht auf den sie umgebenden, scheinbar freien Luftraum. Man sollte sich nie von ruhiger Verkehrslage einlullen lassen, oft ist es die Ruhe vor dem Sturm.
»Achtung!«, brüllte Piet noch, als er den leuchtenden Stern im Augenwinkel auf sie zurasen sah. Jener Stern, der dreizackig die Spitze des riesigen Schlittens mit den acht wildgewordenen Rentieren zierte, welcher von links hinter den Dächern der deutschen Grenze aufstieg und auf direkten Kollisionskurs ging.
Sinterklaas riss am Zügel und dem Schimmel fast die Zähne heraus, um sich mit einem riesigen Satz zu retten, der sie ein paar Kilometer über die Grenze nach Deutschland katapultierte. Durch dieses Notmanöver verhinderte er glücklicherweise die Vernichtung zweier Heiliger, nur einen Sack Süßigkeiten fetzte die Kufe des Schlittens von seiner Satteltasche. Kleine, runde, braune Kekse rieselten wie harte Geschosse zur Erde nieder.

◆

Es hagelte Pepernotjes. Holländische Pfeffernüsse. Die Mutter erwachte von blauen Flecken übersät, rieb sich die schmerzenden Stellen und schüttelte verwirrt die Kekskrümel von ihrer Bettdecke. Kurz meinte sie, ein weißes Pferd mit zwei Reitern würde vorm Fenster vorbeisegeln, schob diese Halluzination aber auf halbschlafende Nachwirkungen des Gesprächs vom Vorabend. Denn ihre fünfjährige, aufgeweckte Tochter hatte beim Abendbrot wieder mit ausschweifender Phantasie geglänzt: »Mama, ich hab den Penis von Sinterklaas gesehen!«

Verständlicherweise rutschte der Mutter spontan etwas Speise in den falschen Hals. Sie hieß übrigens Maria. Das ist jetzt aber wirklich ein ganz dummer Zufall, ihre Eltern konnten doch nicht ahnen, dass sie mal in einer Weihnachtsgeschichte auftreten müsste. Noch weniger, dass sie eines Tages gezwungen wäre sich mit Geschlechtsteilen von Heiligen zu beschäftigen.

»Ich weiß nicht ob Sinterklaas einen … hat«, hüstelte sie verlegen das Brotstückchen aus der Luftröhre.

»Alle Männer haben einen Penis, das hast du selbst gesagt!«

»Jaja, stimmt schon. Aber der Nikolaus ist ja mehr so ein bisschen heilig«, setzte Maria sich der Gefahr aus, genau zu erklären, was unheilig wäre. Dieser Kelch ging glücklicherweise an ihr vorüber: »Ob der deutsche Nikolaus einen hat, weiß ich auch nicht, aber den vom holländischen Nikolaus hab ich gesehen!«, beharrte das Kind trotzig. Die Mutter hatte jene Bemerkung am menschenleeren Strand natürlich nicht ernst genommen und längst vergessen.

»Aber Tomke, gibt es denn nicht nur einen Nikolaus?«, versuchte sie das Gespräch auf jugendfreies Terrain zu lotsen. Ohne zu lügen und ohne zu ahnen, welch inneren Krieg sie mit dieser Frage lostrat.

»Nein, einer allein kann es nicht allen Kindern besorgen. In Holland kommt ja der Sinterklaas, den haben wir bei Papa in der Stadt gesehen. Der ist viel reicher, genauso wie Papa und alle anderen Holländer. Der hat nämlich ein Pferd und ein Boot und einen Angestellten und viel mehr richtige Geschenke und viel goldenere Klamotten an. Der deutsche Nikolaus kommt ja nur mit dem alten Schlitten und Süßigkeiten«, trumpfte Tomke mit mehr Erinnerung auf, als die Mutter vermutet hatte. Sie war doch erst zwei gewesen, als sie einmalig dem traditionellen Einzug des Sinterklaas beigewohnt hatten, kurz vor der Trennung vom holländischen Kindsvater und der Rückkehr nach Deutschland. Allerdings schob die Menge sie damals zufällig so dicht heran, dass die Kleine dem Apfelschimmel über die weichen Nüstern streichen konnte; vielleicht hatte das so tiefen Eindruck hinterlassen. Mütter sind naturgemäß stolz, was ihre Sprösslinge sich alles merken können: »Was weißt du denn noch von Sinterklaas?«

»Alles. Ich hab den Hengst gestreichelt und seinen Penis gesehen.«

»Jetzt iss auf, es ist spät«, bestimmte die Mutter nicht mehr ganz so stolz sondern streng.

Dieses Abendbrotgespräch wird fortgesetzt, fürchtete die schlaftrunkene Maria nun und wunderte sich erneut über ihre kleinen Hämatome. Sie öffnete das Fenster, atmete die beruhigend kalte Winterluft und fixierte einen hellen, zappelnden Punkt am Himmel. Ließ sie sich von dem Kind so verrückt machen, dass sie besagten Hengst fliegen sah? Und was war das für ein rotbrauner Fleck, der um die Sterne kreiste? Sie beschloss, sich in einem Traum zu befinden, verriegelte hastig das Fenster, sammelte jede Menge Pepernotjes vom Boden, setzte sich auf den Bettrand und aß sie alle, alle tapfer auf. Nur zur Sicherheit, damit es morgen früh keine Beweise geben könnte, die gegen einen Traum sprächen.

◆

Der Schimmel knirschte mit den schmerzenden Zähnen, Piet fluchte seinen Schreck heraus: »Typisch! Immer die mit dem Stern und eingebauter Vorfahrt!!«

»Aber, aber, Piet«, rügte Sinterklaas: »Ausgerechnet von dir hätte ich solche Vorurteile nicht erwartet.«

Obwohl er selbst ebenso tüchtig aufgebracht war. Diese deutsche Karnevalsfigur mit Pelzkragen hatte schon in der Vorbereitungszeit zum Fest Streit gesucht. Beim Äpfelpflücken schnappte er ihm die besten Exemplare vor der heiligen Nase weg, einmal hätte er ihn gar fast vom Baum geschubst. Als Sinterklaas endlich mit gefüllten Apfelsäcken zu seinem Pferd zurückkehrte, hatten die gierigen Rentiere ihm alles Heu weggefressen, mangels eigenem, so eine Achtlosigkeit! Was seine Abreise noch mehr verzögerte, da er den hungrigen Schimmel nun mit Äpfeln füttern und entsprechend neue pflücken musste. Dabei wusste der deutsche Nikolaus ganz genau, dass die holländischen Kinder ihren Sinterklaas bereits am 5. Dezember, also einen Tag früher erwarteten. Wenn einer Recht auf Eile hatte, dann ja wohl er!

Jetzt kreuzte der plumpe Rotmantel schon wieder seine Strecke und brachte sie damit nicht nur alle in Gefahr, sondern ihn auch noch ein ganzes Stück vom Weg ab. Aber Wut zu zeigen, wäre nicht standesgemäß, als heiliger Mann hatte er sich in Gelassenheit zu hüllen.

»Ist doch wahr«, schimpfte Piet stattdessen für ihn weiter: »Nimmt uns einfach die Vorfahrt. Denkt, er wäre was Besseres. Was will der überhaupt hier. Der soll in sein eigenes Land fliegen!«, vergaß er geflissentlich, dass er selbst gerade erst aus Spanien angereist und seine moralische sowie ethnische Herkunft derzeit mehr als umstritten war. Vielleicht lag es aber genau daran. Wenn ein ganzes Land debattierte, ob die eigene Existenz noch zeitgemäß sei, konnte das schon eine Existenzkrise auslösen. Was, wenn die Niederländer ihn nicht in die wohlverdiente Rente schickten, um sich vom Verdacht einer rassistischen Tradition zu befreien, sondern auf die Vorschläge eingingen ihn künftig auch in blauer, roter, gelber und grüner Hautfarbe auftreten zu lassen? Besonders grün war ihm zuwider, das hatte wohl etwas mit Fischen zu tun.

Der Nikolaus hörte jedes Wort, derweil er einen Bogen um den Orion schlug, um seine Rentiere zu bändigen. Er kehrte zum Unfallort zurück und nuschelte: »Die Biester sind mir durchgegangen.«

»Hä? War das eine Entschuldigung? Hab ich was gehört? Nee, hast du was gehört?«, boxte Piet dem Sinterklaas auffordernd in die Seite.

»Lass gut sein, Piet. Immerhin begeht er keine Unfallflucht.«

»Ist doch nix passiert«, stellte der Nikolaus mehr fest als zu fragen.

»Nix passiert? Ein Sack Pepernotjes ist weg!«, schrie Piet hysterisch, als wäre der heilige Gral gestohlen.

»Könnte euch ein paar Walnüsse dafür abgeben«, brummelte der Dicke.

»Ich sagte nicht Walnotjes, sondern Pepernotjes! Pe-per-not-jes!! Das sind kleine, knackige Pfeffernüsse. Walnüsse haben wir selbst genug.«

»Hab ich nicht an Bord. Lebkuchen?«

»Ach! Soll ich den Kindern mit euren Riesenlebkuchen Beulen an den Kopf werfen? Du hast wohl 'nen A… «

»Piet!!«, fiel Sinterklaas ihm scharf ins Wort um den Fluch zu verhindern: »Friede auf Erden.«

»Dafür müssten wir endlich auf Erden landen«, bemerkte Piet schnippisch und schnippte einen Fussel von der Schulter des heiligen Reiters, welcher wie eine winzige Schneeflocke hinab auf die Dächer schwebte.

»Entsorgt euren Dreck in eurem eigenen Land«, flutschte es dem Nikolaus heraus, während er der fallenden Faser nachsah. Das hatte er jetzt gar nicht so gemeint, aber dieses Geschimpfe des dunklen Gesellen konnte einen ja total anstecken.

»Was weiß ich, über welchem Land wir gerade sind? Du hast uns doch total vom Kurs abgebracht«, fauchte Piet zurück.

»Da drüben geht soeben die Sonne auf, das dürfte selbst dir zur Orientierung reichen.«

»Was soll das heißen, selbst mir? Wie? Denkst du, ich bin blöd? Spielst du etwa auf meine Hautfarbe an?«

»Deine Farbe ist mir doch sternschnuppe. Aber wenn du so anfängst - diese uralten Klamotten ... schon ziemlich weiblich. Jetzt so im Morgenrot betrachtet, ist dir der Glitzer und Pomp nicht peinlich?«, traf der Nikolaus zielgerade eine von Piets tiefsten Wunden.

»Das ist der Gipfel der Unverschämtheiten! Jetzt bin ich auch noch weibisch, oder gar schwul?«

»Was ist daran unverschämt? Hast du nicht nur was gegen bestimmte Fahrzeugarten, sondern auch noch gegen Homosexuelle? Und frauenfeindlich? Wohl vergessen, dass du selbst zu einer Randgruppe gehörst?«

»Nach deinen Worten bin ich wohl Teil so ziemlich jeder Randgruppe. Sei bloß vorsichtig, denk an die Vergangenheit deiner Landsleute.«

»Was du auch bist, du bist sowieso bald weg«, bewies der Nikolaus, dass er über internationale Entwicklungen durchaus auf dem Laufenden war. Man sollte die Konkurrenz im Auge behalten.

»Seid ihr fertig? Ich will auch weg. Wir haben heute bekanntermaßen noch einiges vor«, suchte Sinterklaas vergeblich zwischen die Streithähne zu kommen.

»Nicht, bevor die Schadensersatzfrage geklärt ist! Der Dicke muss büßen!«, beharrte Piet, jetzt ernstlich in seinem Ego verletzt: »Der Himmel gehört ihm nicht allein.«

Sinterklaas lockerte betreten die Zügel. Er fühlte sich an seinem einzigen Arbeitstag im Jahr nicht befugt auszusprechen, wem der Himmel gehört. Es war der 5. Dezember, ein kühler Morgenwind zog auf und die Kinder warteten auf ihn.

Das Pferd trippelte ungeduldig auf einer Wolke herum, die acht Rentiere ließen reglos die Köpfe hängen, nur ihre Ohren folgten den Stimmen. Vielleicht dachten sie beschämt an gestohlenes Heu oder fühlten sich schuldig am Zusammenstoß. Auf jeden Fall war es besser, sich rauszuhalten. Als Herde wartete man brisante Themen bekanntlich ab und folgte dem Sieger. Der Schimmel schloss aus dem Schweigen der Rentiere, dass er völlig allein war und darum nichts ausrichten könnte. Die Wolke löste sich unter seinen Hufen auf und ihm war, als verlöre er allen Boden unter den Füßen.

◆

»Gibt es in jedem Land einen anderen Nikolaus?«, wollte Tomke gleich beim Frühstück ihre Kenntnisse über deutsches und holländisches Brauchtum erweitern, sprich globalisieren. Maria schmierte ein Marmeladenbrot und erinnerte sich dumpf, dass die Festivitäten bereits in verschiedenen Regionen Deutschlands stark voneinander abwichen. Es gab doch so allerlei Figuren, die sie nie verstanden hatte, allen voran Knecht Ruprecht, danach die Krampen und der Rüpelz, Hans Muff oder Hans Trapp, Pelznickel, Butzenbercht und wie sie alle hießen. Von anderen Ländern hatte sie diesbezüglich noch weniger Ahnung. Sie biss sich auf die Lippen und vermied tunlichst, die Anzahl der beteiligten Nikoläuse nebst Gehilfen weiter zu erhöhen.

»Sinterklaas ist auch in Belgien und in den ehemaligen, holländischen Kolonien. Sonst meist wie unser Nikolaus, glaub ich«, fasste sie stattdessen vage zusammen und teilte die Brotscheibe für beide.

»Der kann doch nicht in einer Nacht um den ganzen Rest der Erde fliegen«, stellte das Kind erneut fest und begründete sachlich: »Das geht mit dem alten Schlitten nicht. Das ist keine Rakete. Und die würde nicht durch die Schornsteine passen.«

»Der Schlitten braucht auch nicht durch die Schornsteine, nur der Nikolaus.«

»So ein dicker Mann passt da nicht durch.«

»Ja, darum gibt es manchmal Probleme«, erinnerte Maria sich kichernd an diverse Weihnachtsfilme mit steckengebliebenen Familienvätern. Dadurch wackelte sie auf ihrem Stuhl herum, was ein paar der blauen Flecken aktivierte. Ihr Lachen erstarrte und schmeckte nach Pepernotjes.

Eine Weile kauten beide schweigend. Dann bahnte der Zweifel sich einen Weg durch den marmeladevollen Kindermund: »Ich glaube, dass ich nicht mehr so sehr an den Nikolaus glaube. Er sieht eigentlich genauso aus wie der Weihnachtsmann. Die aus Schokolade sind auch die Gleichen.«

»Naja, ein bisschen anders schon.«

»Was ist denn anders?«

Marias Stirn begann spontan zu schwitzen; sie hätte sich vorher eine Antwort überlegen oder die Bemerkung lassen sollen. Tomke wartete auffordernd, merkte indes wohl, dass der Mutter unbehaglich war und spann einen neuen Faden. Denn insgeheim trachtete das Kind danach, den Glauben noch nicht zu verlieren: »Oder der Weihnachtsmann ist heimlich gleichzeitig der Nikolaus. Ja! Der macht einfach beides!«

»Das könnte auch sein«, nahm die Mutter diese Lösung dankbar an, die nicht lange hielt, denn Tomke erinnerte scharfsinnig: »Die vielen Weihnachtsmänner in der Stadt letztes Jahr, die waren aber nicht echt! Einer kann mehreres machen, aber mehrere eins, das kann nicht sein.«

Widerspruch gegen Kinderlogik war zwecklos: »Da hast du vermutlich Recht.«

»Das sind bestimmt alles nur verkleidete Männer«, resignierte das Stimmchen vor der eigenen Erkenntnis: »Ich glaube, es gibt gar keinen Nikolaus. Und keinen Weihnachtsmann. Das sind alles, alles, alles nur verkleidete Männer!!«

Maria hatte ihr Brot aufgegessen und schluckte trotzdem. Sie fand es noch viel zu früh für diesen Verlust der Kindheitsträume, ihre Tochter wohl auch, denn die wischte sich eine kleine Träne aus dem Auge und fuhr fort: »Sinterklaas, der könnte schon eher echt sein. Der kommt schließlich mit einem echten Schiff und hat ein echtes Pferd.«

Schiffer sind vermutlich glaubwürdiger für ihre fünfzig Prozent niederländischen Gene, folgerte Maria und nickte.

Wenn dies also die verbliebene Hoffnung der Kleinen war, sollte sie noch ein wenig davon genießen dürfen. Es galt, auf Teufel komm raus, Sinterklaas ausfindig zu machen. In anfassbarer und heute noch erreichbarer Nähe. Man sollte meinen, für jemand der nichts von über Grenzen springenden Schimmeln mit Zahnschmerzen wusste, sei dies in Deutschland ein schwieriges Unterfangen. Aber Maria hatte bereits letztes Jahr in einer Kinderzeitschrift von der ›Admiral Nelson‹, einem Pfannkuchenschiff nach holländischem Vorbild, gelesen. Welches an der innerstädtischen Flusspromenade lag und passend zum Image einen Sinterklaas-Nachmittag abhielt. Genaugenommen hatte sie es nicht nur gelesen, sondern war am Nikolaustag spontan mit Tomke hingefahren. Zu beider großer Enttäuschung erfuhren sie erst vor Ort, dass das Marketingevent tags zuvor stattgefunden hatte: »Selbstverständlich! Wie es sich für Sinterklaas gehört, kam er am 5. Dezember.«

Also dieser feine Unterschied war Maria damals in Holland gar nicht aufgefallen, vermutlich weil man ohne weiter nachzudenken in die Stadt ging, wenn die Ankunft des heiligen Mannes im Fernsehen angekündigt wurde. Hier in Bremen würde es wohl kaum in den Nachrichten vermeldet, wie könnte sie es herausfinden?

Draußen pfiff eine steife Brise, drinnen wühlte und blätterte die engagierte Mutter in den Zeitschriften der letzten Jahre, die aus ihrem unsortierten Regal in alle Richtungen herausquollen. Bis sie auf die moderne Idee kam, das Internet zu befragen. Wunderbar, die Veranstaltung wurde offiziell auf der Webseite des schwimmenden Pfannkuchenrestaurants beworben, sie wählte die Telefonnummer und meldete ihr Kind mit einer Begleitperson verbindlich an.

◆

Ein unidentifiziertes Flugobjekt näherte sich von Norden. Es blinkte mit viel zu vielen Lämpchen und klingelte aus tausenden kleinen Glöckchen, im Takt eines schnalzenden Knalls. Sinterklaas straffte die Zügel, um diesmal rechtzeitig ausweichen zu können, lockerte sie aber bald wieder: »Für ein Flugzeug ist das aber viel, viel zu langsam. Warum fliegt das trotzdem? Was ist denn das?«

Piet und der Nikolaus kniffen die Augen zusammen, um das mit der aufgegangenen Sonne im Wettstreit übertrieben funkelnde Ding zu erkennen. Es krabbelte im Schneckentempo über den Gürtel des Orion. Endlich wurde die Lichterkettensilhouette des größten aller Schlitten erkennbar, der dicke Kutscher winkte fröhlich mit dem Fäustling.

»Hey Boys! What's up?«, grüßte der Weihnachtsmann und hörte auf, mit der Peitsche in die Luft zu knallen. Rudolf blieb sofort schnaufend stehen.

»Was willst duuu denn schon hier?«, fragte der Nikolaus irritiert und zückte heimlich ein Smartphone, um das Datum zu kontrollieren.

»Oooch, komme vom Nordpol, nur ein wenig die Lage checken«, probierte der Dicke sein unpassendes Erscheinen lässig abzutun, merkte aber an den skeptischen Blicken, dass etwas mehr Rechtfertigung angebracht wäre: »Naja, wisst ihr, mein Rentier hat die Leckereien des Sommers ein wenig zu sehr genossen, es ist komplett aus dem Training. Also drehen wir schon mal jeden Abend eine Runde um die Sterne, damit die Kilos vom Himmel purzeln.«

»Purzeln? Das ist gar nicht witzig, wenn hier was vom Himmel purzelt. Du glaubst nicht, was da vorhin alles gepurzelt ist, ein ganzer Sack Pepernotjes nämlich! Pe-per-not-jes!«

»Warum?«

»Wegen dem mit dem Stern vorne drauf; wer sollte uns sonst die Vorfahrt genommen haben?«

»Du solltest nicht so viel auf Statussymbole geben«, belehrte der Weihnachtsmann, in diesem Ton durfte niemand mit Piet reden: »Halt du dich da raus, du Erfindung von Coca-Cola!!«

»Wie bitte, du Hans-Wurst-Trapp-Muff-Rüpel? Die haben ein Nutzungsrecht, sonst gar nix!«, empörte sich der Weihnachtsmann gegen Piet und gestand den anderen beiden: »Von irgendwas muss das Futter für Rudolf ja kommen. Die Stromrechnung ist auch nicht ohne, vor allem für die Amerikaflüge.«

Der Nikolaus witterte eine Chance, sich auf die Seite des Gegners zu schlagen: »Ein wenig Recht hat der Piet schon. Wir haben alle im Fernsehen verfolgen können, wie deine Popularität mit den Werbetrucks gewachsen ist.«

»Im Norden war ich schon allzeit groß! Ich bin stolz auf den skandinavischen Einfluss, der mich so kleidete und dich infolgedessen wohl auch? Ja? Außerdem, ohne mich hättest du keine Rentiere und könntest hübsch selbst deinen Schlitten schieben!«

»*Du* wolltest sie verkaufen. Und hast einen guten Preis von mir bekommen.«

»Wollen ist anders«, bedauerte der Weihnachtsmann.

»Ist es meine Schuld, dass du deine Konsumkosten stets höher treibst? Dass du nicht mit Geld umgehen kannst? Ein kluger Mann wie ich beschränkt sich auf Äpfel und Nüsse. Dann hast du noch was über, zum Beispiel für ’nen guten Schlitten mit acht Rentierstärken.«

»Und mit Stern«, feixte Piet: »Wenn du so viel über hast, zahl uns jetzt den zerstörten Sack samt Inhalt plus Schmerzensgeld.«

Sinterklaas hielt sich raus. Ihm war etwas unwohl, so eine Art geteiltes Gefühl. Als Rangältester war ihm bekannt, dass die anderen kulturgeschichtlich aus seiner eigenen Existenz entstanden waren oder darin begründet lagen. Er erinnerte sich noch gut, wie er zu Kolonialzeiten mit den Niederländern ausgewandert war, sich in fernen Ländern zu ›Santa Claus‹ entwickelte und in dieser Form nach Europa zurückkehrte, wo sein altes Ich unbeeindruckt weiter auftrat. Nun waren sie schon zwei. Plus jedes Land ein wenig anders. Er spielte mit dem Gedanken, gleich im Januar einen Psychiater aufzusuchen und diese Tendenzen zur Schizophrenie analysieren zu lassen. Eine Beteiligung am Streit käme ihm jetzt vor wie Krieg unter drei seiner eigenen Persönlichkeiten. Obwohl man sagt, sich selbst bekriegen sei schön.

»Hab wegen morgen gerade den Nebelbank-Dispo ein wenig überzogen«, gestand der Nikolaus: »Im Sack hätte ich jetzt nur noch das Futtergeld für die Rentiere, das wollt ihr denen bitte nicht antun?«

Dasher, Dancer, Prancer, Vixen, Comet, Cupid, Donner und Blitzen tänzelten nervös. Wenn es an ihr Futter ging, schien Flucht eine geeignete Reaktionsform. Inzwischen mehr als heftiger Wind zerzauste ihr Fell. Der Nikolaus hatte einige Mühe, sie zu bändigen, er zügelte, hüpfte, zerrte und fluchte auf verdammt unheilige Weise.

»Zu viele Stärken könnten seine Schwäche sein«, lachte Piet schadenfroh und tröstete den Weihnachtsmann: »Siehst du? Weniger Zugkraft kann auch Vorteile haben. Dir hätten wir sicher ausweichen können.«

»Stimmt schon. Mit Rudolf wär' das nicht passiert«, musterte der Weihnachtsmann etwas betreten sein dickliches Zugtier. Rudolf räusperte sich empört und sah hilfesuchend zu seinen acht Artgenossen, die jeden Blickkontakt vermieden und abwesend mit den Ohren wackelten.

Das Pferd des Sinterklaas beobachtete dies und begriff ein für allemal, dass jeder völlig auf sich allein gestellt ist. Sofern man denn auf etwas gestellt ist, das existiert und dies schien bei ihm auch nicht gerade gesichert. Der Sturm fegte die letzten Reste der zertrappelten Wolke unter des Schimmels Hufen fort.

◆

Mutter und Tochter zogen gerade die Schuhe an, um sich freudestrahlend auf den Weg in die Innenstadt zu machen, da klingelte das Telefon: »Verzeihung, Sie hatten sich für Sinterklaas angemeldet?«

»Ja?«

Maria ahnte, dass wieder etwas schieflaufen würde, was sich postwendend bestätigte: »Es tut uns schrecklich leid, das findet nicht statt.«

»Warum? Gibt es zu wenig Anmeldungen?«

»Nun, das eigentlich auch. Aber darum nicht. Der Sturm hat das Hochwasser höher getrieben als erwartet. Da würde der heilige Mann nasse Stiefel bekommen«, witzelte der Anrufer.

»Wieso, der kommt doch mit seinem Schiff zu eurem Schiff?«, wunderte sich Maria.

»Nein, nein, nicht mehr. Das mit dem Schiff haben wir nur am Anfang gemacht, das ist viel zu teuer für die wenigen Teilnehmer. Wissen Sie, es gibt nicht so viele Holländer mit Kindern in der Stadt und andere interessiert das nicht. Also unser Sinterklaas sitzt einfach schon da auf seinem goldenen Stuhl, wenn die Kinder hereingelassen werden.«

»Aber wenn jetzt Hochwasser ist, könnten Sie nicht nochmal eine Ausnahme machen, damit er kommen kann? Es muss ja kein großer Kutter sein. Ich kenne da ein paar Leute mit Sportbooten, die könnte ich schnell anrufen … «

»Gute Frau, die komplette Promenade ist überflutet! Sie können nicht an Bord, wir können nicht an Bord. Zum Schwimmen ist es ein wenig zu kalt, oder? Da bringt es auch keinem was, wenn der Nikolaus mit dem Schiff hinfährt, da ohne Strom alleine rumsitzt und die Enten mit Pepernotjes füttert.«

»Wieso Nikolaus«, hoffte Maria plötzlich mit einer anderen Veranstaltung verbunden zu sein: »Sind Sie wirklich vom Pfannkuchenschiff, also reden wir vom Nikolaus oder Sinterklaas?«

»Immer noch Sinterklaas.«

»Also kein Sinterklaas?«

Tomke war dem Telefonat mit bangem Blick gefolgt und brach nun in lautes Geheul aus.

»Kein Sinterklaas, wir können leider nicht übers Wasser laufen, aber nächstes Jahr bestimmt wieder.«

»Na, dann versuchen wir es nächstes Jahr wieder«, seufzte Maria, legte auf und tröstete ihr untröstliches Kind: »Komm mal auf den Arm.«

Letztes Jahr am falschen Tag, dieses Jahr gar durch Naturgewalten verhindert - es sollte einfach nicht sein mit der holländischen Kultur für die halbe Holländerin, dachte sie und hob die Kleine hoch.

Exakt in diesem Moment fiel ein Pferd vom Himmel. Tomke glotzte über die Schulter ihrer Mutter aus dem Fenster und vergaß, dass sie jemals im Leben untröstlich gewesen war. Der Schimmel landete breitbeinig wie ein Seemann beim Sprung an Land auf allen Vieren, die Bischofsrobe kam etwas später an und legte sich majestätisch komplett über die beiden Reiter. Die zwei Köpfe formten darunter die Höcker eines Kamels mit goldbesticktem Sattel, verwundert bog das Pferd seinen Hals zurück, um daran zu schnuppern, wodurch es Tomke noch mehr an das langhalsige Wüstentier erinnerte. Sie kicherte.

»Gut so. Wir machen uns so auch einen schönen Tag«, strich Maria ihr ahnungslos über den Rücken und musterte die Rauhfasertapete.

Piet gelang es als Erstem, sein Gesicht unter dem Stoff herauszuwinden. Verschwörerisch legte er einen Finger auf die Lippen, das Kind strahlte und erwiderte die Geste auf gleiche Weise. Sinterklaas war viel zu sehr damit beschäftigt, seinen Umhang zu sortieren, um die kleine Zuschauerin zu bemerken. Nachdem er das widerborstige Kleidungsstück endlich über den Schultern trug, schnalzte er und trieb den Hengst himmelwärts. Unter der festen Hand seines Herrn fühlte dieser sich gleich wieder sicher, machte einen Satz, bäumte sich majestätisch auf und entschwand steil senkrecht aus dem Sichtfeld des Fensterrahmens.

Tomke winkte unauffällig nur mit den Fingern hinterher und überlegte, warum Sinterklaas bei dieser zweiten Begegnung schon wieder Fummelei mit seinem Umhang hatte. Sie kam zu dem Schluss, dass Jeans und Shirt praktischer seien.

◆

»Von oben habt ihr eben ausgesehen wie ein blödes Kamel im Land der heiligen Könige«, dröhnte das Lachen des Nikolauses den Reitern bei Rückkehr an den Unfallort entgegen.

»Ihr seid ja immer noch hier«, stellte Sinterklaas wenig erfreut fest; Piets Laune war durch den Sturz auch nicht gerade besser geworden: »Natürlich ist der Verkehrsraudi noch hier. Das wäre ja auch noch schöner, einfach abhauen, während wir abstürzen. Da hätte ich ihn aber international verfolgen lassen, das sag ich dir – wegen Fahrerflucht und unterlassener Hilfeleistung! Und den anderen gleich mit, die kann eh keiner auseinanderhalten.«

»Tolle Idee, Wirrkopf«, grinste der Rentierrennfahrer: »Ich sehe schon die Schlagzeilen: ›Nikolaus gesucht, wer hat ihn gesehen?‹«

»Ich«, antwortete der Weihnachtsmann dümmlich, als ob ihn jemand gefragt hätte.

◆

Die Mutter trug das Kind auf ihrem Arm zum Sofa, sie kuschelten sich zusammen unter eine Wolldecke und sahen aus dem Fenster. Maria in Sorge über den alten Gartenbaum, dessen Äste in den Windböen knirschten, das Mädchen mit einem verklärten Lächeln. Nun verstand es, warum Sinterklaas ein Pferd brauchte, denn mit dem Schiff hätte er wohl kaum in ihrem Garten landen können: »Warum kommt Sinterklaas aus Spanien?«

»Vielleicht weil der Papst in Rom sitzt? Das ist ja auch im Süden«, antwortete Maria völlig unqualifiziert. Gottlob rieselten ein paar Bröckchen vom Geschichtsunterricht aus einer Gehirnschublade: »Es gab da mal einen Bischof im Süden, Richtung Türkei glaub' ich, auf den die ganzen Nikolausgeschichten zurückgehen. Mensch, wie hieß der noch …«

Tomke sah ihre Mutter erwartungsvoll an, der gesuchte Name klemmte jedoch noch in der Schublade: »Mmh, fällt mir schon noch ein, er wurde auf jeden Fall heilig gesprochen und zum Schutzpatron der Kinder, weil er armen Kindern Gold gegeben hat.«

»Wenn dieser Bischof Gold gegeben hat, sieht St. Martin mit seinem billigen Mantel ziemlich alt aus«, erinnerte Tomke sich ans Szenespiel beim Laternelaufen. Maria war nicht mehr nach Heiligenvergleichen, also verkniff sie sich die Anmerkung, dass St. Martin sich in manchen Gegenden auch ins Nikolausbrauchtum einmischte: »Manchmal braucht man eben einen

Mantel, zum Beispiel an so windigen Tagen wie heute, Geld ist ja nicht unbedingt warm.«

»Damit hätte der sich doch einen kaufen können. Und noch was zu essen.«

Die Mutter überlegte, ob diese Argumentation nun großzügig oder kapitalistisch war.

◆

»Keiner kann mich sehen, denn ich bin der Schutzpatron der Kinder!«, zitierte der Nikolaus einige seiner Anhänger, obwohl er diese Logik selbst nicht ganz nachvollziehen konnte.

Piet höhnte: »Toller Beschützer, der alle Schandtaten in einem goldenen Buch aufschreibt. Das akribisch Gemeine hast du sicher von deinen anderen Schützlingen, den Pfandleihern!«

»Zufällig verehren ihn auch die Metzger, Diebe und Prostituierten«, ergänzte der Weihnachtsmann, um davon abzulenken, dass er ebenfalls ein goldenes Buch führte. Sinterklaas schielte in eine Satteltasche und klappte sie schnell wieder zu, denn da glomm sein Buchrücken im Sonnenlicht.

»Na und?«, verteidigte sich der Nikolaus: »Wer unter euch ohne Sünde ist, der werfe den ersten Stein. Außerdem sind da noch viele, viele, viele andere, die mich anrufen, denkt nur an die Liebenden und Gebärenden!«

»Ja, das soll auch bei Prostituierten vorkommen«, spottete Piet.

Blecherner Gesang unterbrach das Gespräch: »Last Christmas« hallte lang und laut von den Sternen wieder, bis der Nikolaus zwei kleine Dinge aus dem Mantelpelz gewühlt hatte. Er setzte seine Lesebrille auf und studierte das Smartphone.

»Sicher eine Gebärende, die keine Hebamme bekommen hat? Bis du auch Schutzpatron der überteuerten Versicherungen?«, kicherte Piet.

»Nur ein Kind. Hatte seinen Wunschzettel per WhatsApp geschickt. Da hab ich jetzt eine Wunschzettelgruppe«, nuschelte der wieder in die Rechtfertigungsecke Gedrängte, was ihn auf eine Idee brachte: »Aber ich bin es jetzt satt! Ich muss das mal loswerden.«

Er wischte auf dem Gerät herum, während alle warteten, was er denn wohl loswerden wolle, bis selbst der müde Rudolf unruhig mit der Klaue scharrte. Endlich hob der Nikolaus den Blick vom Bildschirm und sagte: »So. Ich hab den Unfall mal auf facebook gepostet. Inklusive ein paar eurer idiotischen Äußerungen. Mal schauen, was die Menschen dazu sagen. Das sind schließlich unsere Kunden, nicht?«

Alle starrten ihn an. Keiner sagte etwas. Dann sagten alle etwas zugleich: »Um Himmelswillen! Du machst diesen digitalen Irrsinn doch wohl nicht mit? Bist du noch bei Sinnen? Hast du das jetzt öffentlich geschrieben? Echt in dieses Werbe-Web gestellt? Bist du bei sowas angemeldet? Was soll der Scheiß? Machst du jeden neumodischen Unsinn mit?«

Ebenso gleichzeitig hörten alle auf zu sprechen. Stille Nacht. Zumindest über ihnen im All. Auf Erden herrschte heller Sinterklaastag. Zwei Rentiere schnaubten. Schlittenholz knarrte. Das Pferd schüttelte raschelnd die Mähne. Plötzlich brach der Höllenlärm los. Vier Weihnachtslieder dudelten lautstark durcheinander: »Jingle bells, Sinterklaas kapuntje, it's christmas eve, babe, jingle bells, I gave you mij heart, pray good it's our last, rooi wat in mijn shoentje, jingle all the way, to someone special, oh what fun!«

Alle Heiligen zückten ihre Smartphones. Sie lasen. Und tippten. Und lasen. Und tippten … Im weltweiten Web entbrannte ein höllischer Shitstorm, wie ihn die Welt noch nicht gelesen hatte.

◆

Marias Handy meldete massenhaft neue Beiträge. Sie wollte wirklich nur kurz einen Blick darauf werfen, ihr Kind nicht hinter der Technik zurückstellen. Echt nicht. Also wirklich, das wollte sie nie! Trotzdem tauchte sie ab in den tiefen Strom der Nachrichten. Wie konnte es angehen, dass die ganze Welt über das Gleiche sprach, wie sie aktuell mit ihrer Tochter? Aber wie üblich verflochten sich auf facebook eine Menge wirre Informationen: Selbstverständlich gab es den Nikolaus und genauso selbstverständlich nicht, falls doch, konnte man seitenlang streiten, welche der vielen seiner Gestalten es nun wirklich gab und welche davon besser Auto fahren könne. Der deutsche Nikolaus schien an allem Schuld. Das hätte mit einem Stern zu tun, darum fallen Hengste tief, der Weihnachtsmann sei coffeinabhängig, ob man für Schlitten denn keinen Führerschein bräuchte und der schwarze Piet habe schlechte Laune, weil man ihn abschaffen wolle, wenn er nicht grün würde. Der Nikolaus sei der Schutzpatron der Seefahrer und dieser Piet fragte allen Ernstes, wen er denn bitteschön um Hilfe anrufen könne, wenn er samt Schutzpatron auf einem sinkenden Schiff sei? Etwa die Prostituierten? Das war der einzige Post, den niemand kommentierte. Nebenbei kamen natürlich auch jene zu Wort, die es nicht lassen konnten, jedes Wort auf die persönliche Goldwaage zu legen; oder auf Rechtschreibung herumzuhacken. Es wimmelte von Nikolausgestalten aller Herrenländer rund um ihren Ursprung, diesen Bischof …

»Bischof? Ach ja!«, fiel der Name aus Marias verklemmtem Gedankenhimmel.

◆

Sinterklaas war der Erste, der sein Gerät sinken ließ, es schuldbewusst ansah und in die Satteltasche steckte: »Jungs, entschuldigt bitte, ich hab das Ding nur weil … «

»Ich auch nur weil … «

»Wollte nie eins, aber … «

»Nur wegen den Kindern in der Gruppe.«

»Geht heutzutage doch nicht anders.«

»Ob die internationale Verständigung dadurch wirklich besser geworden ist?«

»Unter uns auf keinen Fall. Sonst wären wir längst wieder unterwegs. So, Nikolaus, jetzt Butter bei die Fische«, forderte Piet, blieb in Gedanken an seinem eigenen letzten Wort hängen und wurde leicht grünlich.

»Bitte, genug jetzt. Wir sind ähnlich, sozusagen irgendwie eins, wir sollten bitte zusammenhalten«, stammelte Sinterklaas, seine typischen Kopfschmerzen zogen unerbittlich auf. Die konnte er heute wirklich gar nicht gebrauchen. Genauso wenig wie dieses kindische Zusammentreffen am Himmelszelt.

◆

»Bischof von Myra hieß der«, sagte Maria und rückte die Wolldecke über ihrem Kind zurecht, da war jedoch kein Kind mehr. Tomke hatte sich längst unbeachtet und gelangweilt in ihr Zimmer verzogen. Maria machte sich deswegen schreckliche Vorwürfe und las noch ein paar Beiträge. Ein Gutes hatte es, redete sie sich ihre digitale Vernachlässigung schön. Sie fühlte sich nicht mehr so allein mit der Gratwanderung zwischen Glaube und Tatsache, Hoffnung und Realität, die sie ihrer Tochter auftischte. Wer weiß, wie lange die Kleine ihre Träume noch genießen durfte, denn eine Freundin hatte gerade gepostet: »Im Kindergarten hat mein Sohn noch an alles geglaubt, aber nach der Einschulung nahm das Schicksal seinen Lauf. In der Klasse war ein Junge namens Niko. Das ist nicht weiter schlimm. Schlimm wurde es erst bei einer

Läuse-Epidemie Anfang Dezember. Jeden Tag kam mein Sohn mit neuen Witzen über Nikos Läuse nach Hause. Der Glaube an den Nikolaus war dahin, der respektvolle Umgang mit anderen Kindern auch. Dieser Niko, der hat hernach die Schule gewechselt. Der wird die Hänseleien sein Leben lang nicht mehr vergessen.«

◆

»Ich bin ein Mann. Du eine Laus.« trumpfte der Weihnachtsmann gegen den Nikolaus auf.

»Haha, der Witz mit den Läusen ist sooo alt, dem wächst schon ein Bart.«

Die drei Heiligen strichen sich verlegen über ihre Bärte und Piet sich übers Kinn, so synchron wie ein geübtes Bärtestreichquartett.

»Die Mehrzahl heißt sowieso Nikolause«, fand der Weihnachtsmann wieder einen Ansatz zur Belehrung.

Der Nikolaus hielt dagegen: »Nein, Läuse.«

»Doch, Lause.«

»Nein.«

»Doch.«

»Nein.«

»Doch.«

…

»Kinder, wenn ihr mich fragt, ich hätte lieber nur eine Laus als mehrere«, wollte Sinterklaas dem Ganzen etwas Humor abgewinnen, was der Nikolaus direkt gegen ihn kehrte: »Lause ist total veraltet, wie du.«

»Die Mehrzahl ist total egal: Es kann nur einen geben«, gab Piet zu bedenken.

Der Jüngste von allen, der Weihnachtsmann, lachte hämisch: »Genau. Die Zukunft gehört der Jugend!«, und fuhr davon.

Derart kurz und knapp sollte es zumindest wirken. Sein geplanter Abgang klappte nicht ganz so konsequent, weil sein alleinstehendes Rentier den schweren Schlitten erst aufs dritte Peitschenknallen anruckelte, und bis er beim Gürtel des Orions eintraf, hatte der Nikolaus das Sternbild, sowie den armen Rudolf, bereits einige Male umrundet. Aus purer Freude am Tempo. Piet wedelte wild mit den Armen und fiel dadurch fast vom Pferd, damit der Missetäter zurückkäme, den Schaden zu begleichen.

Sinterklaas presste sich eine Hand auf die schmerzende Stirn und stöhnte. Er wusste nur nicht genau, ob über sich selbst oder andere.

◆

Abschweifend tippte Maria erzieherische Ratschläge bezüglich Hänseleien und Anti-Läuse Shampoo, da postierte sich die blonde Tomke wie ein Erzengel in der Wohnzimmertür. In ihrem Gesichtchen flammte das Schwert wichtiger Entscheidungen: »Bringt jetzt der Weihnachtsmann oder das Christkind die Geschenke?«

»Auch das noch«, dachte Maria. Es war ein Kreuz mit diesem magischen Alter, in dem es keinen Konflikt darstellt, jemand die Existenz abzusprechen und ihn trotzdem einzubeziehen.

»Das kann ich schwerlich sagen, hab noch keinen von beiden gesehen«, wich die Mutter aus und schob das Smartphone endlich in seine Hülle. Tomke zog eine Schmolllippe: »Ich glaube, die machen das beide gar nicht! Das machst du!«

Unweigerlich bekam Maria bei diesem Vorwurf ein schlechtes Gewissen. Aber was sollte sie denn machen? Keine Geschenke einpacken und warten, ob einer der Kollegen vorbeikommt? Falls es sie doch gab, hingen sie vermutlich irgendwo am Himmel herum und konnten sich nicht einigen, wer zuständig sei. Das stand zumindest im Internet.

◆

»Denkt euch, ich habe das Christkind gesehen!«, rief der Nikolaus schon von Weitem und sauste heran. Er zügelte seine Rentiere erst dicht vor dem Hengst. Der schlug unwillig mit dem Kopf und trat einen Schritt auf der Wolke zurück. Diesmal eine äußerst stabile Regenwolke, übrigens.

»Oh Gott, sind heute alle unterwegs? Will sich das heilige Kindchen auch noch einmischen?«, fürchtete Sinterklaas endgültig um seinen Verstand.

»Kleiner Scherz am Rande«, beruhigte der Nikolaus: »Das ist nicht hier, sondern vermutlich im Weihnachtsbaumwald Bäume fällen, ich hab gehört, der Weihnachtsmann hätte es um etwas Unterstützung gebeten.«

»Bäume fällen? Das Christkind hat er in den Wald gejagt? Der schreckt auch vor nichts zurück!« Sinterklaas schüttelte entsetzt den Kopf, Piet griff den Streitfaden auf: »Sag ich doch! Ihr habt eben nichts aus der Vergangenheit gelernt. Bäume sind gefährlich.«

»Welche Vergangenheit, Piet?«, fragte Sinterklaas eher als Mahnung, um jetzt bloß nichts nationales mehr anzuschneiden.

»Euer Vorbild oder was der ist. Der von Myra«, tat Piet geheimnisvoll.

»Der hatte doch mit Bäumen nichts am Hut. Er war Bischof.« Sinterklaas glättete würdevoll die goldenen Borten seines Gewands.

»Und was war das mit dem Streit mit der Göttin Diana? Mal eben ihren Baum umhauen und sich dann wundern, dass die Frau brandwütend wird?«

»Oooch, die ollen Kamellen«, winkte der Nikolaus ab.

»Womit wir wieder beim Thema wären«, griff Piet das Stichwort auf: »Allerdings werfen wir keine Kamellen, wir sind ja nicht in Köln. Die Holländer erwarten geworfene Pepernotjes.«

»Piet! Lass uns den Vorfall vergessen und an die Arbeit gehen, mir reicht's«, warf Sinterklaas ein.

Die beiden Streiter wechselten einen vielsagenden Blick: Dieser Bischofsverschnitt war noch viel zu dicht an seinem seligen Vorbild, um einen Disput unter Männern zu verstehen. Aber er könnte am längeren Hebel sitzen, respektive Zügel, fürchtete der Gehilfe hinter dem Sattel. Nun musste er sich schnell aus der Affäre ziehen.

»Wenn du so ein turboschneller Rentierrennfahrer bist, hole uns einfach donner- und blitzfix einen Sack voll aus der Sinterklaas-Bäckerei. Die haben sicher noch von unseren Pepernotjes. Und bringe sie her«, schlug Piet plötzlich versöhnlich vor. Das wirkte.

Im Ehrgeiz gekitzelt, sind Nikoläuse auch nur ganze Kerle: »Mach ich doch gerne. Bin schon unterwegs!«

Sinterklaas konnte diese einfache Lösung nicht glauben, drehte sich auf dem Pferd nach hinten und legte seinem Gehilfen eine nachdrückliche Hand auf die Schulter: »Dann gibst du dich aber auch zufrieden?«

»Klar.«

»Warte, hey, warte mal!«, rief Sinterklaas dem Nikolaus-Schlitten nach, welcher schon fast wieder am Orion war. Der braune Fleck stoppte: »Was denn noch?«, hallte es durchs All.

»Wir können hier nicht warten, wir müssen jetzt echt los!«, brüllte Sinterklaas dem armen Hengst über die Ohren.

»Geht ruhig an die Arbeit. Ich hole den Sack und finde euch«, echote es zurück. Und weil der Nikolaus nicht genau wusste, wie weit man ihn hören konnte, schaltete er sicherheitshalber ganz kurz den Erdverstärker an der Schlittensoundanlage ein: »Überall. Ich finde euch überall!«

Nach jener Durchsage war Sinterklaas nicht mehr der Einzige mit psychischen Problemen. An diesem denkwürdigen 5. Dezember häuften sich Meldungen von Erdenbürgern, die Stimmen hörten, sich verfolgt fühlten und Ufos mit Beinen sichteten. Beschwerden über fehlende Pepernotjes gab es allerdings nicht.

◆

»Süße, ist es denn so wichtig, wer die Geschenke bringt? Wer weiß. Das Winterfest ist viel älter als Christkind und Weihnachtsmann. Komm setzt dich doch wieder her.« Maria hielt die Wolldecke hoch, ihr Kind krabbelte darunter.

»Viele Völker feierten es seit Urzeiten, auch mit Geschenken und Tannenbaum. Oder anderem Immergrün«, streute die erfahrene Mutter neue Infos ein, um eine klare Antwort zu umgehen. Mit Erfolg.

»Wozu hatten die denn einen Weihnachtsbaum?«, staunte Tomke.

»Ein Fruchtbarkeitssymbol. Wie die Rute«, rutschte es Maria heraus. Sie errötete und fürchtete, damit wieder den Penis des Sinterklaas heraufzubeschwören.

Zu ihrer Erleichterung interessierte die Fruchtbarkeit das Kind weniger als die praktische Handhabung derer Symbole: »Was war denn beim Weihnachtsmann zuerst da, oder hat der früher mit dem Baum gehauen und die Rute geschmückt? Gibt es darum auch Ruten mit Süßigkeiten dran?«

Maria brach in albernes Gekicher aus, weniger wegen süßen, fruchtbaren Ruten. Sie stellte sich eine wilde Horde von Weihnachtsmännern und Nikoläusen vor, die im finsteren Wald kleine bis mittelgroße Tannenbäume ausrissen und damit aufeinander losgingen. Diese Tannenbaumschlacht der Urzeit setzte sich wohl seit Menschengedenken mit neuen Werkzeugen und

Medien fort, bis alle auf dem Nadelboden liegen. Alle bis auf einen. Es kann nur einen geben.

Die Kleine sah sie beleidigt an, ihre Frage war absolut ernst gemeint: »Ich will auch so eine Rute. Nie krieg' ich eine geschmückte Rute.«

»Die Rute war früher für unartige Kinder. Die braven Kinder bekamen Äpfel und Nüsse.«

Bevor Maria erklären konnte, wieso dies heute pädagogisch verwerflich sei, fragte Tomke: »Warum Äpfel und Nüsse?«

»Nun ja, weil …«, zögerte die Mutter, zupfte an der Wolldecke herum, fand keine ehrliche Ausrede und gab zu: »Die stehen auch für Fruchtbarkeit.«

»Ich hab lieber Süßigkeit.«

»Kriegst du ja auch. Bestimmt.«

Unter dem Strich waren die Gewohnheiten und Attribute dieser Heiligen ziemlich heidnisch, folgerte Maria. Konsequent weitergedacht sogar sexistisch.

In diesem Moment lief ihr ein Schauer über den Rücken: Was hatte es mit den Stiefeln auf sich? Die Fruchtbarkeit von Schuhen wagte sie zu bezweifeln, es sei denn, der Nikolaus wäre Fußfetischist. Ein sehr dankbarer, der in Apfel-Nuss-währung für die Leihgabe bezahlte. Maria erstickte ihre Assoziationen im Mandelkern. Dies ging entschieden zu weit.

Am Abend stellte Tomke ihre Stiefelchen für den deutschen Nikolaus vor die Wohnungstür. Ganz rituell in freudiger Erwartung der Gaben. Zweifel ausgeschlossen, als hätte es sie nie gegeben. Selbstverständlich waren die Schuhe am Morgen so prall gefüllt, dass Süßigkeiten plus Nüsse herausquollen und über die Türschwelle rollten. Daneben stand ein kleines Päckchen; Tomke runzelte die Stirn und sah anschließend ihre Mutter strafend an: »Das Geschenkpapier kenne ich vom Geburtstag. Das hast du dazu gestellt!« Nachdenklich rollte die Kleine eine Nuss zwischen den Fingern und fügte bittend hinzu: »Lag der Rest da vorher schon?«

»Ja«, konnte Maria die Reihenfolge der Dekoration zugeben, ohne zu lügen.

◆

Nach den Nikolaustagen ging, flog und fuhr jeder seines Weges.

Maria packte abends vorsorglich Weihnachtsgeschenke ein, weil das Fest bekanntlich immer so plötzlich kommt und man sich auf die Heiligen halt nicht verlassen konnte. Dabei fand und knabberte sie vereinzelt Pepernotjes, woher die auch stammen mochten.

Der Nikolaus kaufte bergeweise Heu, um künftigen Konflikten vorzubeugen. In der Gefräßigkeit seiner Rentiere vermutete er die Wurzel des Streits, insgesamt taugten die Vierbeiner prima als unheilige Sündenböcke. An ihm selbst und seinen Artgenossen konnte es natürlich nicht gelegen haben.

Der Weihnachtsmann suchte das Christkind im Weihnachtsbaumwald oder andersherum. Und wenn sie nicht gestorben sind, suchen sie noch heute.

Sinterklaas mischte seine seelischen Karten neu, teilte das Blatt lässig aus, schenkte hochgeistigen Rum ein und spielte viele Runden Poker mit dem Kapitän. An Bord fühlte er sich am wohlsten, alles andere war Legende.

Piet hing über der Reling, fütterte die Fische und hoffte auf baldige Rente, unter spanischer Sonne über festem Boden.

Das Kind wälzte seine Zweifel noch eine Weile im Bett. Bevor ihm die Äuglein zufielen, stellte es für dieses Jahr abschließend fest: »Vielleicht gibt es ihn nicht. Aber er hat trotzdem ein Pferd, ein Schiff und einen Penis.«

◆

In diesem Sinne wünsche ich Ihnen eine friedliche Adventszeit. Passen Sie bloß auf, dass Ihnen keine Pepernotjes oder Tannenbäume auf den Kopf fallen und umschiffen Sie guten Gewissens jene Fragen, deren Antwort keiner beweisen kann: Mögen die Kinder ihren Glauben wahren, so lange sie selbst möchten (an welche Heils- und Geschenkebringer auch immer).

Falls Sie im Einkaufsstress einem grünen Männchen begegnen, verurteilen Sie es bitte nicht zu schnell als fremdartig - vielleicht ist es nur Piet, der gerade von Bord kommt oder doch noch versucht, politisch korrekt zu sein.

Auch wenn Ihnen einer die Vorfahrt nimmt, hilft es, gelassen zu bleiben, jedem gehen gelegentlich mal die Rentiere durch, stimmt's?

Dann klappt's auch mit dem harmonischen Weihnachtsfest und einem fröhlichen, optimistischen Rutsch ins neue Jahr!

◆ ◆ ◆

Am 5. Dezember

Morgen, Kinder wird's was geben,
der Nikolaus hat schon gepackt,
das Rentier fliegt wie um sein Leben,
der Schlitten im Sommer neu gelackt.
Was soll er das Jahr über sonst auch tun,
außer putzen, renovieren und auszuruhen?

Vergesst heute Abend bloß nicht die Schuhe,
zum Schlafen findet ihr doch keine Ruhe,
wie gerne würdet ihr ihn sehen,
das kann die Mutter nicht verstehen.
Sie wartet genervt auf Kinderzimmerstille,
sucht Nüsse, Äpfel und ihre Brille.

Nach all dem Warten und Stiefel polieren,
wird es noch vor Mitternacht passieren.
Seine Arbeit beginnt, sobald ihr ruht,
dass keiner sieht, was er in die Schuhe tut.

Flöge er erst am sechsten los,
wäre die Enttäuschung groß.
Denn in der halben Nacht das ganze Land,
da würden vom Tempo die Kufen verbrannt.

Morgen, Kinder wird's was geben,
weil es heute schon geschieht,
hört den Schlitten lautlos schweben,
seht den Unsichtbaren, singt ihm ein Lied.

Hauptsache

Guckt der Hase um die Ecke,
liegt ein Ei unter der Hecke.
Gackern die Hennen im Stall,
entstehen dort Eier, allüberall.

In Läden und Geschäften, ach,
da quellen Eier aus jedem Fach.
Flitzt die Mutter durch den Garten,
sind auch dort Eier zu erwarten.

Und auf vielen Tannenspitzen
sieht man goldene Eier sitzen.
Nicht? Ach ja, der Hase kommt nicht dran,
die Höhe überlässt er dem Weihnachtsmann.

Aber sonst sind sie wirklich wild verteilt,
lauf los und suche, nur nicht übereilt.
Zu schnell tritt man Eier zu Brei,
dann ist die Osterfreude vorbei.

Ob Hecke, Stall, Laden oder Garten,
ob Eier oder Glück, die Jagd kann starten,
egal an welchem Ort, in welchem Nest,
Hauptsache du findest ein: Frohes Osterfest!

◆ ◆ ◆

Glaubenszweifel der Osterhasen

Magische Elternrealität 2

Glaubenszweifel der Osterhasen

Die Küchenschlacht der ausgeblasenen Ostereier war geschlagen.

Ein Schalenscherbenhaufen im Biomüll zeugte von Erfahrungswerten, die das Kind gewonnen hatte. Maria wischte den letzten Glibber vom Tisch und zwang sich, nichts anderes damit zu assoziieren als den ehemaligen Inhalt künftiger Osterdekoration. Wie konzentriert Tomke doch die lange Nadel durch die Pustelöcher steckte! Die Kleine fädelte die leichten Eierhülsen auf eine Schnur, bald würde ihre Eierkette die Rosensträucher vor ihrem Fenster schmücken.

◆

Zwei Stadthäschen huschten den dunklen Rinnstein entlang, immer dicht an den mittelalterlichen Häuschen, die wie bunte Ostereier an der Schnur die schmalen Gassen säumten.

»Bleib in den dunklen Schatten der Dämmerung, geschützt vor dem Fensterschein der Menschen«, mahnte der ältere Hase seinen jüngeren Kollegen.

»Jaja«, meinte der und sprang übermütig über einen viereckigen Lichtfleck, dass der Korb auf seinem Rücken hüpfte.

»Wenn du solchen Unsinn morgen mit den Eiern darin machst, gibt es Rührei«, schimpfte der Alte.

»Quatsch! Die sind doch nicht roh.«

»Aber du bist ein wenig roh. Sagen wir, nicht ganz gar.«

»Wozu auch abends loslaufen? Obwohl wir erst morgen die Eier bekommen?«

»Wir übernachten vor der Ausgabestelle, dann ist die Schlange morgen nicht so lang«, erklärte der Alte geduldig zum unzähligen Male. »Jetzt klapp deinen Korbdeckel zu und komm!«

◆

Der Mülleimer klappte über noch ein paar vom Boden gefegten Schalensplittern zu und Maria kümmerte sich um die verwertbaren Reste der Schlacht. Sie würzte die Rührei-Rohmasse fürs Abendbrot und stellte die Schüssel gerade in den Kühlschrank, als das Smartphone ein erschreckend fröhliches Lied schmetterte. Der Glibber schwappte in der einsetzenden Hektik bis knapp unter den Rand. Ungern ließ sie Tomke mit den sensiblen Eierhülsen allein, doch auf dem Display strahlte rotbäckig das Antlitz von Marias Tante. Äußerlich rund wie Marias Vater, jedoch bei weitem nicht so gemütlich, war bei dieser Verwandten Konzentration auf das Gespräch angeraten. Denn abgelenkt vom Kind, könnte die resolute Tante sie ja zu allem Möglichen überreden ... Erst auf dem Weg ins Wohnzimmer nahm sie ab.

»Dein Vater wird ein süßes Häschen«, kicherte das Handy ohne Begrüßung. Es folgte eine stichwortartige, von Glucksen und Rufen aus dem Hintergrund unterbrochene Erzählung. Maria brauchte eine Weile bis sie daraus schlau wurde. Doch dann sah sie die Szene vor sich, als wäre sie dabei gewesen.

Ein als Osterhase gebuchter Schauspieler hatte wegen Grippe abgesagt, Ersatz war so kurzfristig nicht zu beschaffen. Daraufhin probierte die ganze Familie nacheinander das Kostüm an, als da waren die Tante, Marias Cousin, beide Cousinen, ein Onkel und ferner auch zwei Nachbarn, die im Treppenhaus eingefangen wurden. Voller Humor begonnen, verzweifelte die versammelte Mannschaft allmählich, denn das Fell schlabberte um alle herum, zu kurz, zu weit, einfach nur lächerlich.

»Und als wir gerade aufgeben und die Veranstaltung absagen wollten, klingelte es an der Tür, da stand dein Vater. Der alte Seebär, wie immer unangemeldet«, berichtete die Tante.

Maria lachte: »Typisch. Du denkst, der ist in Afrika oder Amerika oder im Iran oder in Timbuktu oder irgendwo auf den Gewässern dazwischen, da steht er plötzlich vor der Tür und möchte Kaffee trinken.«

Diesmal hatte er Pech, bestätigte ihr die weitere Darlegung.

»Bevor du Kaffee kriegst, ziehst du das an«, zitierte die Tante sich selbst und malte die Szene in leuchtenden Osterfarben aus: Marias Cousin, der noch halb im Hasenkostüm steckte, hatte daraufhin die Hochwasserbeine über seine Knöchel abgerollt und den schlappen Stoffsack vor die Schiffernase gehalten. Gehorsam kletterte Tomkes Opa hinein, zu dritt zogen Cousin und Cousinen ihm das Fell über die breiten Schultern, die Kapuze über den kahlen Kopf und den Reißverschluss zu. Alle Anwesenden traten einen Schritt zurück und applaudierten spontan.

»Es passte wie angegossen!«, schwappte die Begeisterung aus dem Smartphone fast über. »Dein Cousin jubelte: ›Steht dir ja besser als dem Schauspieler letztes Jahr! Wie für dich gemacht!‹, der Opa wackelte betreten mit den langen Plüschohren: ›Aber ich …‹«

Maria kicherte in den Hörer.

»Keine Widerrede. Du läufst morgen den Osterhasen«, bestimmte die Tante abschließend, als meinte sie ihre Gesprächspartnerin, doch die kannte deren Erzählkapriolen.

»Mein Vater als Osterhase? Das lass ich mir nicht entgehen! Und für Tomke wird es auch lustig. Das Fest ist doch für Kinder?«

»Klar, auch. Gegen zehn bei uns im Ladenbüro?«

»Passt, na denn bis morgen.«

Maria legte das Smartphone auf die Fensterbank und blickte gedankenverloren auf die Gemeinschaftswiese. Die Äste des alten Baumes hatten die Stürme des Winters entgegen aller Ängste gut überstanden. Die große Fläche zwischen drei Häuserblöcken eignete sich hervorragend für Kindergeburtstage, aber für Osterhäschen war sie gefährlich offenes Brachland. Gras über Gras, umgeben von Rosenbeeten entlang der

Hausmauern. Tomke liebte es, wenn die Rosen im Frühjahr über den Fenstersims hinauswuchsen, sich endlich öffneten und dann im Sommerwind taktvoll an die Glasscheibe tippten. Als begehrten sie Einlass oder wollten daran erinnern, dass sie es jedem Einbrecher, Monster oder Gespenst ungemütlich machen würden, ins Kinderzimmer zu gelangen. Zur Eiersuche war dieser schöne Schutzwall ihres Dornröschenschlosses leider weniger geeignet. Die einzigen dornenfreien Verstecke fanden sich rund um die Wurzeln des Baumes oder an den abfallenden Rändern der Beete; der Hauptanteil lag infolgedessen halboffen im Gras verstreut. Letztes Jahr hatten die Gärtner direkt vorher den Rasen gemäht, was die Suche viel zu einfach machte . Außerdem klebten an allen Fundstücken kleine Grashälmchen. Die ganze heimliche Eierkauferei und -versteckerei gestaltete sich sowieso stets schwieriger. Tomke wurde älter, es musste doch irgendwann auffallen. Dass hier was faul war mit dem Hasen. Da kam die Alternative des auswärtigen Festes gerade recht. Ein Aufschrei aus der Küche riss Maria aus ihren Überlegungen, sie eilte hinüber um noch ein paar neue Eierscherben zu entsorgen und das Kind zu trösten.

◆

»Glaub mir, morgen kriegst du dafür ganz schnell harte Eier«, tröstete der ältere Hase.

Sein Lehrling zog eine Schnute und wies auf die lange, flache Industriehalle: »So wie das aussieht, wäre morgen früh aber früh genug gewesen.« Dort hockten, standen und lagen bereits jede Menge Hasen mit leeren Körbchen. Immer hübsch an der Wand entlang.

»Sooo viele vor uns!», jammerte er weiter, während sein Kollege sich ordnungsgemäß am Ende der Warteschlange auf seinen Korb setzte.

»Die Ostereierausgabe läuft immer schnell und professionell. Mach dir keine Sorgen.«

»Wer's glaubt …«, zweifelte der Jüngere. Leider berechtigt, wie sich noch zeigen sollte.

»Schlaf jetzt!«, befahl der Alte.

Das Häschen maulte noch etwas, dann umarmte es sein Körbchen wie ein Kopfkissen und wiegte sich selbst in die Osterhasentraumwelt.

◆

Die Gondel schaukelte hoch über den mittelalterlichen Häuschen am Kran. Sie bot den Besuchern des ältesten Stadtteils Bremens einen grandiosen und heute einzigartigen Ausblick, denn der mobile Kran war eigens für das ›Ostern im Schnoor‹-Fest angereist.

»Es stimmt, was man sagt, die Häuser wirken wirklich wie Perlen auf einer Schnur an den schmalen Gässchen aufgereiht«, staunte eine ältere Dame aus der Höhe.

»Darum heißt der Stadtteil auch Schnoor«, knurrte ihr Begleiter.

Der Kranführer lehnte sich zurück. Er genoss diese Abwechslung zum Baustellenalltag, steckte sich eine Zigarette an und ließ die beiden Touristen etwas länger in der Luft hängen.

»Nein, das plattdeutsche ›Schnoor‹ kommt von den Seilen und Tauen, die machten die Fischer hier für ihre Netze. Dies war ein Schifferviertel«, widersprach die Dame.

»Du weißt es natürlich wieder besser«, brummte ihr Gatte.

Sie hörte den Vorwurf ausnahmsweise nicht, denn ein farbiger Klecks fesselte ihre Aufmerksamkeit. Dieses flüchtige, rote Motiv kannte sie doch? War das im Kino, hatte es etwas mit Hoffnung zu tun? Oder mit wegsehen? Wurde da unten zu allem Osterfestandrang noch ein Film gedreht?

Das Mädchen im roten Mantel huschte um die verschnörkelten Häuserecken, von einer schnurdünnen Gasse zur nächsten, dann hatte es augenscheinlich sein Ziel erreicht. Beherzt nahm es den Osterhasen an die Hand und hoppelte mit ihm gemeinsam weiter. Eine kleine Menschentraube begleitete sie, von hier oben besehen wie Püppchen zwischen Puppenhäuschen.

Der Kranführer sah auf die Uhr. Genug geguckt, die Schlange der nächsten Passagiere war schon viel zu lang.

»Huch!«, schrak die Dame aus ihren Filmvisionen, als die Gondel ruckelte und flott abwärts summte.

»Wurde auch Zeit«, meinte ihr Mann.

Sie seufzte. Es würde nicht leicht sein, ihren mürrischen Begleiter zu überzeugen, in den schmalen Gässchen nach dem Osterhasen zu suchen, statt nach Hause zu gehen. Ahnungslos, wie nah der Gesuchte in Wahrheit war, stieg sie aus der Gondel und drängte: »Lass uns nochmal diesen Engpass, die ›Wüste Stätte‹ besichtigen. Ich möchte ein Andenken kaufen und es ist noch früh.«

◆

Unter dem mobilen Kran duckten sich zwei ängstliche Häschen.

Einer mümmelte: »Wir hätten uns das frühe Aufstehen sparen können, jetzt sind wir wegen dem ganzen Hühnerstreit doch zu spät.«

»Es ist nie zu spät«, kam als weise, aber wenig hilfreiche Antwort.

Der jüngere Hase schnüffelte um eine Hydraulikstütze des Krans herum und schreckte vor den hohen Absätzen der Dame sowie den vielen anderen Menschenbeinen zurück. »Wie sollen wir in dem Trubel noch Eier verstecken?«

»Auch die Kinder im Schnoor haben ein Recht auf Ostern. Und die Botschaft der Hühner muss verbreitet werden. Wir müssen unsere Pflicht erfüllen.«

»Aber wie?«

»Tja, aber wie ... «, zermarterte sich auch der erfahrene Hase das Hirnchen. Soviel Osterandrang hatte selbst er noch nicht erlebt. Doch da erspähte er fern, zwischen all den Schuhen hindurch, eine rote und eine braune Figur. Er lehnte sich an die Innenseite eines monströsen Kranreifens und kreuzte überraschend entspannt die Pfoten: »Ich glaube, wir bekommen Hilfe.«

»Das wage ich zu bezweifeln.«

»Schau gut hin«, wies der Alte um den Reifen herum. »Siehst du das braune Fell dort hinten?«

»Hä? Was ist denn das für ein riesiger, dicker Simulant!«, blieb dem Jüngeren die Lippe unter den Nagezähnen offen stehen. »Die spinnen, die Menschen. Als Hase verkleidet, das mag zu Ostern ja noch durchgehen. Aber in diesem Format? Und wozu das kleine Wesen im roten Mantel dabei? Was soll das sein, ein zu heiß gewaschener Nikolaus?«

Der Ältere zog weltklug die Schultern hoch: »Ach, bestimmt nur wieder eine neuartige Vermischung. Die Menschen kriegen die Feiertage seit jeher durcheinander. Ich habe zum Beispiel auch nie verstanden, was Ostara, die Göttin der Morgenröte und Fruchtbarkeit, mit einem Mann zu tun hat, der aus dem Grab aufsteht.«

»Vielleicht, weil alle morgens aufstehen?«, vermutete der junge Hase ziemlich unqualifiziert und schielte erneut um die Ecke vom Kranbein, um dem ungleichen, braun-roten Gespann nachzusehen.

◆

Tomke wirkte im roten, antiken Filzmantel und mit ebenso roter, vierzackiger Klabautermütze in der Tat wie eine Kreuzung zwischen blondem Engel und Tochter des Weihnachtsmanns. Maria lächelte über den jahreszeitlich so unpassenden Mantel, den eine Freundin bei Auflösung eines Antiquitätenladens einst für sie ergatterte. Tomke hatte heute beim Aufstehen hartnäckig auf ihr Lieblingsteil bestanden.

»Ostern ist doch auch ein wenig Weihnachten«, argumentierte sie gegen Marias Vorschlag, sich lieber osterhasenbraun oder ostereierbunt zu verkleiden.

»Als Weihnachtsengel gehst du in diesem Nikolausmantel ja noch durch, aber …«

»Dann bin ich ein Osterweihnachtsengel!«, jubelte Tomke und Maria gab grinsend nach.

Noch mehr amüsierte sie sich nun über ihren Vater im Hasenkostüm und freute sich über die Annäherung an seine Enkeltochter. Das sah bei ihrer Ankunft im Schnoor noch ganz anders aus.

Wie Tomke doch gestaunt hatte, als sie vorhin im kleinen Laden ihrer Tante, eher ein Büro mit Schaufenster, eintrafen und oberhalb der Treppe die Tür zum Arbeitszimmer öffneten. So viele Schokoladeneier und Hasenlutscher! Die spiegelten sich in allen bunten Farben in ihren Kinderaugen. Der Tisch, an dem der dicke Mann saß, den sie Opa nennen sollte, lag voll davon. Auf dem Boden stand eine ganze Pyramide durchsichtiger Plastiktönnchen voller Schokolollis im roten und blauen Osterhasendesign. Opa suchte zwischen den Süßigkeiten eine Abstellmöglichkeit für seine Kaffeetasse, drehte sich samt Stuhl den Ankommenden entgegen und breitete strahlend die Arme aus, doch Tomke presste sich ängstlich an Maria. Sie kannte den Opa ja kaum und war Männern gegenüber allgemein ein ängstliches Häschen. Der breite Kerl, über dessen Stuhllehne ein schlappes, braunes Fell mit langen Ohren hing, derweil seine Beine bereits im Hasenkostüm steckten, war ihr absolut nicht geheuer.

Maria löste das Kind ungeduldig von ihrem Oberschenkel, um ihren Vater herzlich zu begrüßen. Dann half sie ihm einen großen Korb mit Süßigkeiten zu füllen, das Kostüm über Schultern sowie Schädel zu ziehen und derart bepackt heil die paar Stufen zum öffentlichen Bereich des Ladens herunterzusteigen. Sofort drückten sich die ersten Kinder am Schaufenster die Nase platt. Tomke folgte nur zögerlich von ihrem sicheren Platz hinter der Lolliboxenpyramide.

Die unten wartende Tante sprang vom Besuchersofa auf. Sie applaudierte, steckte einen Stapel Prospekte mit in den Korb, schob den Hasen energisch zur Tür und wünschte viel Spaß. Opa lächelte gequält. Sie traten hinaus auf das Kopfsteinpflaster, sofort umringten Kinder den Riesenhasen. Noch etwas verlegen verteilte er Süßes. Zufrieden mit ihrem Fang, auf den sie so lange vor der Scheibe gewartet hatten, zerstreute sich die Kinderschar flugs.

Maria wurde plötzlich unbehaglich, immer wieder flatterte ihr Blick zum Straßenschild ›Marterburg‹. Besorgt sah sie den Kindern nach, als könnte der Ursprung des Namens ihnen heute noch etwas anhaben. Der Stadtteil sprach zu ihr. Er war so eng gepresst in seiner Architektur, als wäre er selbst voller Leid. Hier gab es sicher keine Stelle, an der noch nie jemand gestorben war.

Ein kaum vierjähriger Junge stand wie aus dem Nichts neben ihnen, reckte beide Arme hoch und zog am Korbrand zwecks Selbstbedienung.

»Au!«, griff der Hase an die Druckstelle vom Korbgriff über seinem Arm und tadelte den Jungen, doch dann stellte er den Korb auf den Boden. »Eins!«, betonte er mit erhobener Pfote, die vom Format einer Bärentatze glich. »Du darfst dir eins aussuchen.«

Während der Junge sich nicht entscheiden konnte, herumwühlte und nahezu jedes Teil anfasste, rückte der Osterhase seinen Stummelschwanz zurecht und grinste seine Enkeltochter verschwörerisch an: »So wählerisch war deine Mama früher auch.« Leiser fügte er hinzu: »War? Na ja …«

Tomke trat einen Schritt näher: »Echt? Warst du damals schon Osterhase?«

Maria verzog gespielt beleidigt das Gesicht und überlegte gleichzeitig, ob ihr Kind gerade anfing zu vergessen, wer in dem Kostüm steckte.

»Selbstverständlich versteckte ich schon Eier, als deine Mama so alt war wie du«, antwortete Opa wahrheitsgemäß.

Verständig nickte das Mädchen. Dies war in ihren Augen soooo eine Ewigkeit her, dieser Hase schien beständig und zuverlässig. Sie trat noch einen mutigen Schritt näher und schielte in den Korb. Opa nickte aufmunternd, da wagte sie sich ganz heran und half dem Jungen bei der Auswahl.

Aufgescheucht vom eifrigen Suchen flatterte ein Papier aus Opas Korb, der Junge trat prompt rückwärts darauf. Maria hob es ordnungsliebend auf, den Prospekt vom Stadtteil zierte der Fußabdruck des Kinderturnschuhs. Sie blätterte darin und las eine Erklärung des Straßennamens. Aha. In der Marterburg wurde niemand gemartert, sondern hier lagerte anno dazumal Mehl in sogenannten Matten, es müsste eigentlich Mattenburg heißen. Das klang doch eher gemütlich. Sie ermahnte sich selbst, statt düsterer Stadtgeschichte lieber die Sonne zu sehen. Ostern kam schließlich von Ostara, dem heidnischen Fest der Morgenröte. Maria blinzelte in den strahlenden Himmel und begrüßte insgeheim den Tag sowie den Frühling.

Endlich entschied der Kleine sich für einen blauen Hasenlutscher, fummelte hektisch daran herum und reichte ihn dem Opa: »Aufmachen?«

Ratlos schaute der auf das kleine Problem in seinen großen Hasenhandschuhen, dann gab er es an Tomke weiter: »Kannst du das schon?«

Die Kleine wuchs einen halben Meter: »Klar!«, zog sie den Lolli vorsichtig aus der Tatze ohne diese zu berühren und riss das Papier fachkundig von oben auf.

»Warum bist du ein Hase?«, fragte derweil der Junge.

»Um die Eier zu bringen«, antwortete der Hase.

»Warum bringt der Hase die Eier?«

»Wegen Ostern?«, blickte der Opa hilfesuchend zu Maria.

Die lachte, hatte sie doch kürzlich erst dieselbe Frage für Tomke im Internet recherchiert. Sie ersparte ihm und sich jedoch jede Erläuterung der Fruchtbarkeitssymbolik, welche Hasen, Eier, Küken, Nester und ausschlagende Obersträuße vereinte. Stattdessen berief sie sich auf das Nichtwissen anderer: »Da sind die Experten sich auch nicht ganz einig. Der Hase macht das noch gar nicht so lange, erst so seit dem 17. Jahrhundert. Tomke und ich glauben, vielleicht weil Hasen schneller sind als Hühner?«

»Haben das davor die Hühner gemacht?«, wollte der Junge wissen und nahm seinen Lolli von Tomke entgegen.

»Nee, da gab es regional verschiedene Eierbringer, die meisten davon waren zumindest Vögel, wie der Storch, Kuckuck oder einfach der Ostervogel. Mancherorts aber auch der Fuchs.«

Opa griente: »Wie jetzt, dann hat der Hase dem Fuchs die Eier weggeschnappt?«

»Sozusagen. Der Hase war eben schneller«, kicherte Maria und dachte dabei an die enorm schnelle Vermehrungsrate der Löffeltiere. Darin waren die dem Fuchs immer voraus, sonst gäbe es ja keine Hasen mehr, und vermutlich auch dem Huhn oder sonstigen Vögeln.

Der Junge verneinte ungläubig: »Der Fuchs würde die Eier fressen. Und der Storch war das ganz, ganz sicher nicht!«

»Warum nicht?«, forschte Opa.

»Der bringt keine Eier! Der bringt Babys!«

Mitleidig betrachtete Maria den Kleinen, wunderte sich, dass es offensichtlich immer noch verklemmte Eltern gab, die diesen Unsinn auftischten und staunte dann noch mehr über die Reaktion ihrer eigenen Tochter: »Eben. Eier sind doch auch Babys. Hühnerbabys. Der Storch bringt alle Babys. Das glaub ich eher als das mit dem Hasen.« Entschieden packte Tomke einen weiteren Schokolutscher aus und biss herzhaft hinein.

»Aber Tomke, du weißt doch schon …«, errötete Maria und sah sich um, ob andere Eltern in Hörweite standen, die nun ebenso von ihr denken würden, wie sie selbst just noch über die Mutter des Jungen.

Jene vermeintliche Storcherzählerin stand wegen ihrer Zigarette glücklicherweise ein Stück entfernt und studierte ein Infoschild an einem der historischen Gebäude. Alle anderen Passanten waren davongezogen.

»Solltest du nicht langsam mal Kinder suchen, Osterhase? Oder willst du das dieses Jahr dem Ostervogel überlassen?«, trachtete Maria Bewegung in die Sache zu bringen, bevor dem österlichen Fruchtbarkeitsthema tiefer nachgegangen würde.

Opa nickte, hängte sich den Korb über den Arm und bot Tomke die andere Hand an: »Kommst du mit mir?«

Die musterte ihn zögernd von den Ohren bis zu den Pfoten, befand für ungefährlich, was sie erblickte und schob vertrauensvoll ihre Schokofingerchen in seine Hasenbärentatze.

◆

Braune Streu hatte am frühen Ostermorgen unter scharrenden Krallen gestäubt, die Hühner in der Bodenhaltung wuselten chaotisch durch die Halle. Die Stimmung war ausgesprochen mies. An diesem Hochleistungstag des Jahres an sich nicht außergewöhnlich, obwohl die übrigen Tage im Grunde auch nicht besser waren. Durch die Lüftungsschlitze beobachteten sie die brav in Reihe wartenden Osterhäschen an der Ostereierausgabestelle.

»Ziemlich englisch«, bemerkte ein zerrupftes Huhn zynisch.

»Die haben es gut«, tippelte das Zweite mit ans Gitter. »Wenn ich so frei wäre, stünde ich nicht still in der Reihe.«

»Rennen würde ich, rennen und picken und scharren und flattern«, gesellte sich ein Drittes hinzu, das Vierte gleich hinter sich, welches lauthals gackerte: »Oh ja, schaut nur, wie viel Raum da draußen ist! Überall Gras!«

Alle Hühnerhälse drehten sich. Alle drängten Richtung Schlitze. Die Vorderen schauten hindurch und riefen zu den Hinteren. Die Hinteren stellten sich alles noch schöner vor und regten sich entsprechend doppelt auf:

»Da gibt es sicher Millionen Regenwürmer.«

»Und die dummen Hasen stehen nur herum.«

»Wenn sie unsere Eier haben, dürfen sie wieder laufen.«

»Warum die Hasen und wir nicht?«

»Wir sollten auf der Wiese laufen!«

»Wir sollten überall laufen, wo wir wollen.«

»Wir sollten den Kindern die Eier verstecken!«

»Was weißt *du* denn von Verstecken, du blödes Huhn?«, zischte ein genervter Hase durchs Gitter.

Das zerrupfte Huhn fauchte zurück: »Warte nur bis Weihnachten, dann seid ihr nicht mehr christlich geschützt, dann seid ihr Hasenbraten!«

»Jaja, und zur Vorspeise Hühnersuppe«, konterte der Hase.

Da gab es kein Halten mehr, die Hühner krakeelten wild durcheinander:

»Rollentausch! Bodenhaltung für die Hasen!«

»Wir sind die Ostervögel!«

»Ihr kriegt kein einziges Ei mehr von uns!«

»Wir wollen raus und unsere Eier selbst verteilen!«

»Wer hat denn den Gebärschmerz?«

»Oder hast du jemals jemand sagen hören: ›Was war zuerst da, das Ei oder der Hase?‹«

◆

Hand in Hand bummelten Osterhase und Weihnachtsengelchen los. Maria vergewisserte sich, dass der Junge bei seiner Mutter zurechtkam und folgte in respektvollem Kontrollabstand. Etwas zu respektvoll, an der ersten kleineren Kreuzung belebten die Gässchen sich bereits deutlich. Sie studierte den Straßenplan im Prospekt, stellte sich das geschichtliche Schifferleben hier vor, als der Flussarm ›Balge‹ noch nicht verschüttet gewesen war, und hätte darüber beinahe das ungleiche Gespann aus den Augen verloren. Ein roter Schatten im Augenwinkel signalisierte ihr, dass die beiden an der Sackgasse ›Hinter der Balge‹ vorbeigegangen und bereits um die nächste Ecke verschwunden waren. Dort angekommen, verglich Maria das nächste Schild mit dem Straßenplan: ›Schnoor‹ stimmte überein, hier mussten sie rechts abgebogen sein.

Durch die Gasse, die dem Stadtteil seinen Namen gab, schoben sich viele Menschen. Die Kombination von schönem Wetter, traditioneller Osterspaziererei und dem Fest mit Ostersuchspiel hatte sie hergelockt. Beim Ottjen-Alldag-Brunnen erspähte Maria die Hasenohrenspitzen und drängelte sich erleichtert hin.

Opa lächelte gerade einer jungen Mutter zu, überreichte ihr eine Süßigkeit und wechselte ein paar höfliche Ostergrüße. Das dazugehörige Kind zupfte nachhaltig am Hasenärmel, endlich erhielt es auch eine Nascherei. Tomke balancierte dahinter auf Steinumrandungen unter Gefährdung der Pflanzendekoration und des von Opa abgestellten Korbes, dann bemerkte sie ihre Mutter neben einer schwarzgekleideten Gestalt.

»Hätten Sie mal zwei Euro?«, lächelte der kleine Mann unter dem großen Zylinderhut verschmitzt.

»Was hab ich?», guckte Maria irritiert in seine offene Hand, während ihre Tochter von den Steinen sprang und dreist mit dem Zeigefinger eine Spitze seines Fracks zum Wackeln brachte: »Bist du ein Clown?«

»Nein«, beugte er sich direkt zu der Kleinen und flüsterte: »Pssst. Ich bin ein Zauberer!«

Tomke wich einen ehrfurchtsvollen Schritt zurück, aber nur sicherheitshalber: »Glaub ich nicht. Gibt's nicht.«

»Ha, mich gibt es nicht?«, tat der Zauberer empört. »Heute Morgen im Spiegel war ich doch echt noch da. Hab ich mich etwa aus Versehen selbst weggezaubert?«

»So herum geht nicht. Nur anders herum. Der Osterhase war zum Beispiel heute Morgen noch nicht da. Jetzt ist er aber da«, erklärte Tomke.

»Glaubst du denn an den Osterhasen? Und den Weihnachtsmann?«, forschte der Zauberer lauernd.

»Ich glaube doch nicht mehr an den Weihnachtsmann! Ich bin ja kein Baby mehr«, empörte sich Tomke und warf ihrer Mutter vor: »Das machst alles du!« Dann gestand sie dem Zauberer leise: »Aber der Osterhase, da bin ich mir nicht so sicher.«

»Warum?«

»Weil die bunten Eier aus dem Kühlschrank fielen.«

Der Zauberer machte große, verständnislose Augen: »Kühlschrank??«

»Ja. Die waren vom Osterhasen. Er hatte sie nur nicht so gut gestapelt«, erklärte Tomke nicht wirklich aufschlussreich und entschuldigte das Häschen: »Das ist auch schwierig für ihn, er hat ja nur Pfoten.«

Maria gluckste in Erinnerung des Geschehens.

Was hatte Tomke aufgeschrien und sie selbst geflucht, als ein komplettes Sechserpack ihr beim Öffnen der Kühlschranktür entgegenrutschte, beim Versuch es zu fangen aufsprang und die Eier herauspurzelten. Ausgerechnet jene Fertigostereier, die sie beim gemeinsamen Ostereinkauf glorreich an Tomke vorbeigeschmuggelt hatte, damit wenigstens irgendetwas Unbekanntes vom Osterhasen kam. Da standen sie dann, Mutter wie Tochter, und starrten auf die geplatzten Eierschalenillusionen auf dem Küchenfußboden. Keins war heil geblieben.

»Wo kommen *die* denn her?«, stieß Tomke endlich hervor.

»Aus dem Kühlschrank«, antwortete Maria hochintelligent, um Fassung und eine Ausrede ringend.

Das Kind grinste: »Das habe ich gesehen. Wie kommen die da rein? Wir haben die nicht gekauft!!«

Die Mutter hüllte sich in Schweigen und sammelte Eier ein.

»Die kann nur der Osterhase gebracht haben«, folgerte Tomke felsenfest überzeugt und hängte gleich eine plausible Erklärung an: »Der hat zu Ostern schon sooo viel zu schleppen und weiß ja, dass du ihm unsere selbstgemalten Eier auch zum Verstecken auf die Wiese stellst. Da hat er sie einfach jetzt schon mal dazugestellt. Vielleicht war er zufällig in der Nähe … Vielleicht ist er es noch … «

Tomke sah schnell aus dem Küchenfenster. Die Rosenknospen waren noch geschlossen, ihre Eierkette baumelte im Wind, kein Häschen hüpfte über die Gemeinschaftswiese.

»Wer weiß«, seufzte Maria, froh über die logischen Schachzüge ihrer Tochter gegen die eigene, mögliche Erkenntnis und bekräftigte die Theorie: »Auch für Osterhasen gilt vielleicht, was du heute kannst besorgen … erledigt ist erledigt.«

Warum stürzende Eier die Existenz des Osterhasen bewiesen, konnte ein fremder Zauberer natürlich nicht verstehen: »So. Du glaubst also an den Osterhasen. Wegen Eiern im Kühlschrank. Aber nicht an Zauberer??«

Tomke nickte weise. Sie kannte sich aus.

»Nun, einen Kühlschrank verschwinden lassen, ist hier gerade ungünstig. Aber wenn Sie ein Zweieurostück übrighätten, um Ihrer Tochter den Glauben an Zauberer zurückzuschenken?«

Da war sie wieder, diese ausgestreckt fordernde Hand. Noch in Eiergedanken verfangen, wühlte Maria automatisch in ihrem Portemonnaie, legte das gefragte Geldstück hinein und hielt nach ihrem Vater Ausschau. Dessen Plänkelei mit der jungen Mutter war beendet, er schnappte seinen Korb und schob sich langsam ins Gedränge. Maria glotzte einen Moment auf die Steinumrandung, denn ihr war, als hätte sie dahinter zwei echte, davonhuschende Hasen gesehen. Was hatten die Tiere an Opas Korb gemacht? Schien der nicht irgendwie voller als vorher? Ach, Tomkes Fantasie war sicher ansteckend, wischte sie ihre Wahrnehmung beiseite und rieb sich temperaturprüfend die Stirn.

Der Zauberer wechselte die Münze ein paar Mal zwischen den Händen, dann war sie verschwunden. Um an diversen, unerwarteten Stellen wieder aufzutauchen, rollend oder drehend, mal im Zylinder, mitten auf dem Arm des Zauberers oder hinter Tomkes Ohr.

Während sich die großen Hasenohren, umringt von Kindern, immer weiter entfernten, bildete sich eine zweite Menschentraube um den Magier.

◆

Die Hasenschlange vor den flachen Stallgebäuden wurde unruhig. Zuerst hörten sie nur das Gegacker und Geflatter im Gebäude, doch plötzlich ging nichts mehr voran. Die Eierausgabe stoppte, die Sonne brannte den Wartenden auf die Köpfe. Es war nur eine freundliche Frühlingssonne, aber Häschen reagierten bekanntlich empfindlich. Sie bekamen heiße Gesichter und fühlten sich irgendwie schuldig.

Kein Wunder. Durch die Lüftungsgitter wehten Satzfetzen der aufgebrachten Hühnerschar. Da trauten die Hasen den eigenen Löffeln nicht, was die Vögel über ihren Berufsstand lästerten:

»Und dieses ganze kreative Getue.«

»Eiermalschule. Eierkünstler. Ober- und Unterosterhasen.«

»Mit Stiften. Mit Farbtöpfen. Mit Pinseln.«

»Mit Wachsbatik. Mit Reis geschüttelt. Mit Aufklebern.«

»Satt wird davon keiner.«

»Satt werden sie nur von unseren Eiern!«

»Ich verdächtige die Hasen schon lange, selbst davon zu naschen. Wovon ernähren die sich sonst, diese brotlosen Künstler?«

Das war zu viel. Dem jungen Hasen aus dem Bremer Schnoor platzte der Fellkragen. Er brach aus der Schlange aus und mümmelte so laut er konnte zurück: »So reden alle Kunstbanausen! Ihr habt ja keine Ahnung! Überlasst das den Experten. Und jetzt her mit den Eiern!!«

Ein älteres Huhn funkelte ihn durch den Schlitz an und dozierte: »Das Ei ist der Ursprung der Welt. Da ist jede Veränderung nur Verschlechterung.«

»Das wussten schon die alten Perser«, bestätigte ihre Nachbarin.

»Für Eier pur Natur! Weg mit den Farben!«, kreischten mehrere zu beiden Seiten. Immer wieder. Bis der ganze Stall in den Chor einstimmte.

Der junge Hase verstummte und zweifelte plötzlich. Was, wenn die Hühner recht hätten? Warum wollte er unbedingt Osterhase werden? War es nicht viel schöner, ein natürliches Leben zu führen? Irgendwo auf dem Lande, ohne den ganzen Osteraufwand? Den Hühnern ihre Eier zu lassen und selbst ein ganz normaler Hase zu sein? Die Eierkunst war so vergänglich. Und man musste so früh aufstehen.

Er hoppelte zu seinem Lehrmeister zurück und maulte: »Ich habe gar keine Lust mehr, hier auf Eier zu warten. Ich gehe nach Hause.«

»Du hast dich verpflichtet, also musst du den Menschen die Eier bringen«, mahnte der Alte.

Der Junge bedachte sich kurz, als wortbrüchig wollte er nicht gelten: »Na gut, falls es heute noch welche gibt, bringe ich sie. Aber ich verstecke nichts mehr. Die können froh sein, wenn ich male und den Korb schleppe.«

»Nix mehr verstecken«, stimmte ein anderer Hase zu. »Das stinkt mir schon lange. Machst du es zu einfach, meckern sie, machst du es zu gut, wird die Hälfte nicht gefunden.«

»Genau. Wir stopfen den Menschen die Eier nur in den Kühlschrank, machen die das schön selbst«, ertönte es weiter hinten aus der Reihe.

»Warum sollen wir die überhaupt verstecken?«, wollte das Schnoor-Häschen wissen, doch sein Lehrer schlackerte nur genervt mit den Ohren.

»Ich weiß das«, rief ihn das alte Huhn zurück ans Gitter und belehrte: »Weil die Menschen vor langer, langer Zeit einen neuen Glauben fanden, der das Verschenken der Eier nach dem alten Glauben dann verboten hat. Wer das trotzdem tun wollte, musste die Übergabe versteckt regeln. Darum kam vielleicht ja auch der Hase ins Spiel, der versteckt besser. Oder es wurde öfter in Hasenlöchern versteckt, weil die sich dazu eigneten. Eventuell war der Hase einfach nur die Erklärung bei unbequemen Fragen, warum Eier auf Wiesen und Feldern lagen?«

»Jetzt gibst du selber zu, dass wir besser verstecken!«, trumpfte der Hase auf.

»Dummer Hase. Sinnlos, mit euch zu reden«, befand das Huhn.

»Was passiert eigentlich mit Eiern, die von den Menschen nicht gefunden werden?«, fragte irgendein Gackern aus der Schar.

»Die Hasen essen sie. Oder der Fuchs«, spekulierte die Alte.

»Oder der frisst beides zusammen, Hasen weggezaubert«, alberte eine Junghenne.

◆

Am Ende der Vorstellung meinte der Zauberer: »Verflixt, ich finde sie nicht mehr. Die zwei Euro sind mir in irgendeine Ihrer Geldbörsen entwischt! Schauen Sie doch bitte alle mal nach, wer sie mir wiedergeben kann?«

»Ja, in Ihre eigene«, grummelte Maria.

»Nochmal! Bitte nochmal!«, bettelte Tomke und zupfte ihrer Mutter am Ärmel. »Mama? Vielleicht ist es zurück bei dir? Bitte guck!!«

Widerwillig gehorsam grabbelte Maria klimpernd in ihrem Kleingeld, wurde fündig und zweifelte tatsächlich, ob sie vorher zweimal zwei Euro gehabt hatte.

Tomke schielte mit hinein: »Da! Da ist sie!!«

Die Zuschauer lachten, der Zauberer streckte auffordernd die Hand hin.

Doch Maria ärgerte sich bereits über die ersten zwei Euro, wollte diese vor dem verzauberten Kind aber nicht zurückfordern und schüttelte nur den Kopf.

»Dem Geld passiert doch nix«, beruhigte der Zauberer schelmisch. Irgendwie war er ja bezaubernd, dachte Maria und meinte nicht seinen Beruf: »Nee, es ist nur weg.«

»Das ist nicht meine Schuld. Es wollte zu Ihnen zurück.«

»Tja«, grinste Maria abschließend.

Er lächelte traurig, eine erstaunliche Mimik, die sonst nur Clowns beherrschten: »Sie behalten es? So habe ich denn für die hohle Hand gezaubert?«, und rückte mit derselben noch etwas näher unter Marias Nase.

»Bitte, bitte Mama! Nochmal!«, flehte Tomke.

Generervt drückte Maria ihm ihr letztes Zweieurostück in die Hand. Er wirbelte strahlend herum und die Show begann erneut mit diversen Variationen. Er war wirklich gut, musste Maria sich eingestehen. Einmal riss sie doch ihren Blick vom Geschehen und versuchte auf Zehenspitzen über die vielen Menschen zu schauen. Ihr Vaterhäschen hatte wohl längst das Ende der Schnoor-Gasse erreicht und war sonstwohin abgebogen.

»Jetzt aber den Osterhasen suchen!«, zog Maria ihre Tochter gegen Ende der zweiten Vorstellung vom Zauberer weg, bevor es noch teurer werden konnte.

»Er ist nicht der echte Osterhase«, widersprach Tomke, doch mit Zweifel in der Stimme. »Er ist nicht nur der verkleidete … also er ist auch Hase, aber er war ja Opa, der echte Hase ist ein richtiger Hase, viel kleiner, ist er, er ist …genau! Er ist der *Opa*hase.«

»*Opa*hase? *Opapa*hase?«, prustete Maria laut heraus.

»Haben Sie ihn gesehen?«, wirbelte eine gerade vorbeigegangene Dame neben ihr herum.

»Wen?«, stand Maria auf der Leitung.

»Na, den Osterhasen. Wegen dem Mädchen im roten Mantel.«

Mit offenem Mund stierte Maria die fremde Frau an. Was wollte die von ihrer Tochter?

Das fragte deren Begleiter sich wohl auch, denn er wies sie unwirsch zurecht: »Lass doch die Leute in Ruhe.«

»Pah! Dann suche ich eben selbst weiter«, erwiderte die Dame pikiert, da sprang Tomke an ihr vorbei und flitzte singend voraus: »Ooopahase, wo biiist du, Opahase, Opahase …«

Erneuter Hoffnung, schlängelte sich die Fremde hinter dem Kind her durch den Menschenstrom. Ihr Begleiter nahm die Verfolgung ebenfalls auf. Maria hängte sich kopfschüttelnd an seine Fersen. Sie dachte bisher, zu Ostern sucht man Eier.

Nicht den Hasen.

◆

Zwei Begleithasen öffneten die Torflügel zum Hühnerstall wie zu einem Palast. Ein großer Ohrenschatten fiel mit der Sonne herein, dann trat der Ober-Opahase höchstpersönlich auf. Schlagartig war Stille im Hühnerstall, seine Präsenz beeindruckte selbst das aufgebrachte Federvieh.

»Da brat mir doch einer 'nen Storch«, presste er zwischen den Zähnen hervor und hob dann drohend die Stimme bis in den hintersten Winkel: »Wollt ihr, dass der Fuchs eure Eier holt?!«

Die Antwort war irres Geflatter, Panik im Hühnerstall.

Der Ober-Opahase lächelte überlegen und genoss die Wirkung seiner Worte. Dann wies er mit dem Gehstock auf die Hühner: »Du. Und Du. Und ihr alle!«

Das wirkte wie ein Lautstärkeregler, keine Henne wollte eines seiner nun versöhnlich leisen Worte verpassen: »Wir sind doch ein feines Team. Keiner hat euch vergessen. Eure Plüschküken zieren die Ostertische der Menschen, manche Dekoration enthält sogar erwachsene Abbilder von euch. Aber Kinder glauben nun einmal nicht so gern an Hühner. Eure Flug- und Lauffähigkeiten sind einfach nicht elegant genug, eure Fähigkeit zum Verstecken vor lauter Gackern fast nicht vorhanden. Jede Kleinkindlogik würde zweifeln und viel zu früh die Eltern verdächtigen. Wollt ihr den Kleinen den Glauben nehmen?«

»Aber Hasen sind doch viel idiotischer als Eierbringer. Und das glauben die Kinder auch!«, kreischte ein vorlautes Junghuhn, während die älteren bereits ihre Köpfchen abwägend wiegten.

»Hasen sind schnell. Und Meister im Verstecken. Nur selten hat man Gelegenheit, einen huschen zu sehen, der dann auf unerklärliche Weise verschwindet. Das weiß doch jedes Kind. Darum ist es logisch, dass sie den Osterhasen nie zu Gesicht bekommen. Und was logisch ist, darf man glauben«, der Ober-Opahase klopfte beim letzten Satz nachdrücklich mit beiden Pfoten an den Torrahmen. Nach diesem Trommelwirbel stützte er sich auf seinen Gehstock und fragte gütig: »Aber mal konkret und ehrlich: Wer von euch wahrhaftig Lust hat, am Ostertag überall rumzuflitzen, Körbe zu schleppen und Eier zu verteilen, der möge *jetzt* den Flügel heben.«

Betretenes Schweigen. Es wurde so still, dass man die Fliegen und die Futterautomaten summen hörte. Nur jene vorwitzige Junghenne streckte die Schwungfedern in die Luft, ihre beste Freundin machte es zögerlich nach. Die Begleiter des Opahasen kicherten, er nickte: »Dachte ich es mir doch. Ihr zwei wollt also allein die Eier für alle Kinder im Land verteilen?«

Schnell presste die Freundin den Flügel an ihre Seite und schüttelte erschrocken das Köpfchen, daraufhin gab auch das Junghuhn auf und ließ die Federn hängen.

»Dann sind wir uns also einig. Alles bleibt beim Alten«, stellte der Ober-Opahase

zufrieden fest.

»Nein«, meldete sich das alte, zerrupfte Huhn. »Wir fordern bessere Arbeitsbedingungen!«

Zustimmendes Gackern erklang, erst hier und da, dann schwoll es an.

»Nun gut«, gab der Hase nach, bevor das Federvieh erneut hysterisch würde. Sein Blick schweifte über die karge Ausstattung des riesigen, überbevölkerten Stalls und sein Näschen schnupperte den Ammoniak: »Das ist ein verständlicher Wunsch.«

Ein Meer von Hühnerköpfchen reckte sich hoffnungsvoll,

unzählige Äuglein fixierten das betagte Nagetier, als trüge es plötzlich einen Heiligenschein.

»Wir werden es den Menschen nahebringen.« versprach der Ober-Opahase.

◆

»Drehen Sie einen Film?«, fragte die Dame sichtlich begeistert, aber etwas irritiert von Tomke, die um sie herumhüpfte, jede Runde neckisch am Hasenkostüm zupfte und dabei im Singsang rief: »Da ist der Opahase, da ist er, du bist der Opahase, du Opahase …«

Der Bezupfte lächelte breit und drehte sich spontan mit dem tanzenden Kind um seine Achse. Die Dame versuchte seine Aufmerksamkeit zu erhaschen, doch ihr Jahrgang fiel wohl nicht in sein Beuteschema. Er fasste Tomke an beiden Händen und schleuderte sie im Kreis, Passanten wichen lachend zurück, das Mädchen jauchzte, der Korb hüpfte auf dem Hasenarm, drei Lollis und ein Ei sprangen heraus.

Auch das schönste Opakreiseln musste einmal enden, wegen rutschigen Fellpfoten und sicherheitshalber vor Auftreten von stärkerem Schwindelgefühl. Der Hase rückte die Lutscher und Prospekte im Korb zurecht und hob das gefallene Hühnerei vom Boden auf: »Wo kommt *das* denn her? Guck mal Tomke, auch Hasen finden mal ein Ei. Möchtest du es?«

»Nö«, zupfte sie schon wieder am Kostüm herum. Die ältere Dame trat dicht heran und öffnete den Mund, um ihre Frage zu wiederholen, doch Opa war keineswegs vergesslich und kam ihr zuvor: »Nein, ich bin kein Schauspieler. Es gibt auch keine Kamera. Sie haben es ja gerade gehört. Ich bin der einzige, echte und wahre *Opa*hase.«

Er drückte der verblüfften Dame mit warmer Tatze das leicht angeschlagene Osterei in die Hand, ergriff Tomkes

Schokoladenhändchen und tauchte mit ihr zwischen den Menschen unter. Die Dame musterte entsetzt das Motiv auf dem Ei, welches so gar nicht zum heilen Osterkitsch passte und ihre Ernährungsgewohnheiten für immer verändern würde. Dann rauschte sie konsterniert in Gegenrichtung davon. Maria und der mürrische Begleiter wechselten einen vielsagend einigen Blick und folgten ihren jeweiligen Angehörigen.

Auf der Caféterrasse hinter der Holzpforte holte Maria das Gespann ein. Der Opahase manövrierte zwischen den Tischen durch und lächelte den jungen Damen zu. Wie freundlich sie auf den alten Hasen reagierten! Maria setzte sich an einen freien Tisch und beobachtete ihren Vater. Stets mehr Schokohasen wanderten an den Kindern vorbei zu den Müttern. Er flirtete. Er lachte. Er hatte sichtlich Spaß an seiner Rolle. Seine kleine Weihnachtsassistentin lief mit einem Packen Flyer im Kielwasser des Seemanns und verteilte diese selbstbewusst, kein Cafégast kam ohne Schnoor-Information davon.

Maria bestellte einen Tee sowie ein belegtes Brötchen für Tomke, rief das Kind zu sich und grinste über eine Gruppe Touristinnen, die in angeregtem Englisch mit dem Opahasen über Bremer Geschichte und Geschichten diskutierten. Ein lockeres Heimspiel für den Weltgereisten. Schon in Marias Kindheit hatte es fast nichts gegeben, was er nicht erklären konnte. Sie lehnte sich in der Frühlingssonne zurück und dachte halblaut: »Der sympathischste Opahase, den der uralte Stadtteil je gesehen hat.«

Über vereinzelte Hühnereier mit unkonventionellen Bildern zwischen den Süßigkeiten wunderte der alte Hase sich nicht weiter, er hatte in den Ländern dieser Erde viel seltsamere Dinge erlebt. Nur die Empfänger neigten zu erstaunlich schockierten Reaktionen.

Beim Bezahlen fand Maria ein Zweieurostück in ihrem Portemonnaie. *Drei* waren heute Morgen garantiert nicht darin gewesen! Sie vermutete eher nur eines … Ob sie an Zauberei glauben sollte? Sie lächelte über die Idee, der Zauberer könnte sie ebenfalls bezaubernd gefunden haben. Möglicherweise war er ein umgeschulter Taschendieb, der sein Können nun andersherum im Positiven einsetzte? Ob er ihr aus einem Zweieurostück drei gemacht hatte? Sie nahm sich vor, dem Schnoor bald wieder einen Besuch abzustatten und der Bezauberei auf den Grund zu gehen. Ohne Kind. Das könnte fruchtbarer sein.

◆

Der Ober-Opahase hielt sein Wort. Er trat aus der Halle hinaus vor die Hasenschlange und befahl: »Dieses Jahr malen all jene Hasen, die noch nicht mit ihren Kunstwerken fertig sind, glückliche Freilandhühner auf die Eier – aber nur auf einer Seite! Auf der anderen Seite will ich die Realität sehen. Käfig- und Bodenhaltung, bitte durchgestrichen mit Ausrufezeichen. Und wer besonders kreativ ist, schreibe noch einen Aufruf an die Menschen dazu. An die Arbeit!«

Die Hasen mümmelten zustimmend und reihten sich wieder gesittet in die Warteschlange ein. Die Hühner pressten was sie konnten, um noch genügend Ostereier hervorzubringen. Nun ging es ja auch um ihre Sache. Und die Eierausgabe rollte zügig an, um die Verzögerung aufzuholen.

So schafften es alle gemeinsam noch rechtzeitig, diese besonderen Eier am Ostertage zu verteilen. Manche mit Hilfe verkleideter oder normaler Menschen. Denn die sind noch dümmer als Hühner, denen kann man Eier in Korb oder Kühlschrank mogeln.

◆

Richtung Heimweg übernahm die Albernheit das Zepter wie meist nach so vielen Erlebnissen. Tomke hing die komplette letzte Opahasen-Schnoor-Runde mit beiden Händen an seinem Stummelschwanz. Sie ließ sich mitziehen, hüpfte auf und ab, stoppte und schob abwechselnd daran. Maria fürchtete arg um die Unversehrtheit des geliehenen Kostüms. Als eine Naht leise knackte, wurde es selbst dem Opa zu bunt: »Ich will meinen Schwanz behalten!«, griff er hinter sich.

Doch Tomke wich geschickt aus und packte sofort wieder zu. Sie hatte jeden Respekt vor irgendwelchen Hasen oder Opas und ganz besonders vor diesem Opahasen verloren. Im Versuch, das Kind zu fangen, kreiselten sie ein wenig umeinander, dann brach Opa in unbändiges Seemannsgelächter aus und steckte die anderen beiden an.

»Wird schon halten, der alte Schwanz«, gab er die Jagd ächzend auf und sie wandelten hintereinander weiter wie zuvor.

Vielleicht zerrte Tomke etwas vorsichtiger, denn die Nähte hielten tatsächlich tapfer bis zu Haltestelle und Abschied. Maria und Tomke winkten aus der abfahrenden Straßenbahn und stimmten einander zu: »Opahase ist der Beste.«

Das fanden einige junge Damen im Schnoor auch und lutschten andächtig ihre Schokohäschen am Stiel.

Hiermit wünsche ich allen Menschen, Alt- wie Junghasen und bitte auch Hühnern:

Frohe Ostern!

◆ ◆ ◆

Weihnachtsmarktmann

Auf dem Weihnachtsmarkt da laufen
magische Gestalten, die verkaufen
Essen und Geschenke, ganze Haufen,
während Kunden Glühwein saufen.

Kinderaugen glitzern rund,
von Rot bis Gold und noch mehr bunt.
Sie träumen eine wahre Welt,
die Eltern zählen derweil Geld.

Kann ein Engel Lüge sein?
Für Zweifel ist man nie zu klein:
Das Kind fragt Löcher in den Bauch,
die Mutter lacht, dann sagt sie`s auch:
Es glaube doch wer will und kann,
selbst an den Weihnachts-Markt-Mann!

◆

Glaubst du an den Weihnachtsmarktmann?

Magische Elternrealität 3

Glaubst du an den Weihnachtsmarktmann?

Sein Gesicht schob sich in den Vordergrund, bei allem, was sie dachte, bei allem, was sie tat. In banger Hoffnung rief Maria ihre Emails ab, wieder und wieder, so ging das nun seit Tagen. Schuld daran war nur der Zauber. Daran liegt solch geistige Umnachtung naturgemäß immer, aber in ihrem Fall lag es an einem speziellen: dem ›Schlachte Zauber‹. So hieß der mittelalterliche Teil des Bremer Weihnachtsmarktes, dem sie bisher nicht viel Beachtung geschenkt hatte. Doch seit den Ereignissen dort ergab dessen Name einen völlig neuen Sinn.

»Maaama!! Antworte doch mal! Kriege ich ein Haustier zu Weihnachten?«, tönte es nicht zum ersten Mal aus dem Kinderzimmer.

Maria überflog die Absender, seufzte, schloss enttäuscht das Email-Programm und versuchte, sich auf das nimmermüde Geplapper ihrer Tochter zu konzentrieren.

»Es muss kein Hund sein! Nur ein kleines Kaninchen? Bittebittebitte?«

»Nein. Es tut mir so leid. Wir haben doch keine Zeit dafür.«

»Ich tu auch alles! Was fressen Kaninchen? Kann man sie spazieren führen? Oder ein Papagei? Wie bringt man dem das Sprechen bei?«

Die Erziehungsberechtigte erläuterte, wie diese Tiere artgerecht gehalten würden und warum das in ihrer kleinen Wohnung nicht ginge. Infolgedessen klopften diverse andere Tierarten an die mütterliche Informationstür. Rund um die Weihnachtszeit schien Tomkes Wissensdurst noch einen Zahn zuzulegen. Jenes Kreuzfeuer von tausend Fragen und Wünschen zerrte das ganze Jahr an der Geduld, doch momentan fiel es ihr besonders schwer, sich auf das Formulieren kluger Antworten zu konzentrieren. Denn da war dieses Gesicht in ihrem Kopf. Und tausendmal die Erinnerung, wo es herkam.

◆

»Wo kommst du denn her?«, staunte der Weihnachtsmann beim Sortieren der Geschenke auf dem Schlitten. Ein kleiner, etwas schmuddeliger Stoffhase war aus dem soeben durchwühlten Haufen gefallen und hing nun schlapp über einer Schlittenkufe. Den hatte er bestimmt nicht angeschafft. Er suchte eigentlich gerade die sprechende und pinkelnde Puppe, die ein kleines Mädchen derart dringend verlangte, dass es ihm drei, sowie dem Christkind auch noch zwei Briefe geschrieben hatte. Dieser komische Hase mit der albernen grünen Latzhose stand auf keinem Wunschzettel. Der musste ihm irgendwie zugelaufen sein.

»Was mach ich jetzt bloß mit dir?«, überlegte der Alte, gebrauchte Sachen wollte heutzutage doch kein Kind mehr haben. Ganz abgesehen davon, dass ein Hase zu Weihnachten wohl völlig am Thema vorbeiging. Dann sah er auf die Zeitanzeige seines Smartphones und vertagte die Antwort auf die Hasenfrage sowie die Suche nach der teuren Markenpuppe auf morgen. Denn für heute Abend hatte er einen Nebenjob auf dem irdischen Weihnachtsmarkt in Bremen angenommen. Die Sortierung und Beladung des Schlittens hatte noch drei Adventskerzen lang Zeit und es fehlte dringend Geld für ein paar exklusive Kinderwünsche, allen voran die Unmenge der speziellen Spielekonsolen, Computerapps und Haustierbabys. Gedankenlos steckte er den Hasen in seine Manteltasche, ermahnte den friedlich Heu kauenden Rudolf, gut auf den halb beladenen Schlitten aufzupassen und wandelte gen Erden.

◆

Weihnachtsmärkte sollen ja so romantisch sein. Dieser Genuss ist nicht jedem vergönnt. Maria fand sie vor allem kalt, teuer, anstrengend, laut und den Bremischen auch noch viel zu groß. Als Alleinerziehende hatte sie jedoch niemanden, der ihr diesen Pflichtgang abnehmen würde. Verzicht war keine Option, denn wie bei jedem Fest in der Stadt begann schon am zweiten Tag nach der Eröffnung das Gejammer: »Katja war schon da – Gina, Alina und Achmet auch. Und Patricia sogar schon zweimal. Und viele andere, ach, ich glaub fast alle aus der Klasse waren schon da! Nur ich nicht!! Wann gehen wir endlich?«

»Bald.« Maria versuchte immer einen Wochentag zu finden, an dem es etwas ruhiger wäre, aber dann verschob es sich doch meist auf einen der letzten Tage vor dem Fest. Ähnlich ging es tausenden anderen Marktbesuchern, durch die sie sich folglich drängeln mussten. Da konnte sie dieses Jahr auch gleich aufgeben – und das tat sie. Der erstbeste freie Nachmittag war zwar ein Freitag, ergo ähnlich schlecht wie richtig Wochenende, aber damit hätte sie es noch vor der zweiten Kerze am Kranz hinter sich. Noch nicht ahnend, welcher Zauber sie dank dieser Entscheidung an der Schlachte erwartete. Also verkündete Maria die frohe Botschaft: »Schuhe, Jacke, los, wir gehen auf den Weihnachtsmarkt!«

Frohlockend, ein Lied über so manche Kleckerei in der Bäckerei schmetternd, schlüpfte Tomke zackig in ihren roten Mantel.

»Na toll«, frotzelte Maria, »jetzt wird mich deine Ohrwurmmelodie auch noch durch den Tag begleiten.« Insgeheim summte sie jedoch gerne mit und freute sich angesichts der hübschen Kleinen: *Wenigstens passen Lied wie Mantel jetzt zur Saison.* Denn darin war ihr Kind schon zu Ostern wie ein Weihnachtsmannengel neben dem Hasen gelaufen, und der Song verfolgte sie zu allen Jahreszeiten.

»Können wir los, oder brauchst du noch ein paar Strophen?«

»Loooooos!«, jubelte Tomke und stürmte hinaus.

◆

Äußerst beliebt bei den Holländern konnte der hochgelobte Bremer Weihnachtsmarkt Maria trotz innerer Abwehr und äußerem Andrang dennoch einige Schmunzelmomente bescheren: Immer, wenn sie länger neben einem Gespräch stehenblieb, einer schrecklich unweihnachtlichen Anhäufung von »Godverdomme … stomme mof … zeikerds … duure kutzooi … « lauschte und daraufhin den Nichtsahnenden einen amüsanten Gesprächsbeitrag lieferte oder simpel zustimmte: »Ja, wat slechte stemming hier, je zul maar beter niet meer komen.«

Ertappt, wurden die Niederländer dann rot wie Tomkes Mantel. Sie hatten nicht erwartet, dass hier im Ausland jemand ihre Flüche und groben Sprüche verstand. Nein, wiederkommen wollten sie dann seltsamerweise trotz schlechter Stimmung. Sie hätten es doch gar nicht so gemeint. Eigentlich wäre doch alles wunderbar, manchmal meckert man halt nur so, aus Gewohnheit.

Eventuell wollte Maria durch ihre Einmischungen nur nochmals diesen Satz auf Holländisch hören: »Ich habe es doch nicht so gemeint.«

Das hatte der holländische Kindsvater nach der Trennung noch oft gesagt. Von zehn gemeinsamen Jahren blieb ihr immerhin neben der Tochter auch die Kenntnis der gelernten Sprache, in der sie oft träumte, aber noch lieber Weihnachtsmarktbesucher ärgerte. Vor allem, wenn denen der Glühwein unverschämt zu Kopf gestiegen war.

◆

»Lieber guter Weihnachtsmann, schau mich nicht so böse an, steck' die Rute wieder ein, ich steh' heut' nicht auf Schlägereien«, leierte ein Junge den vermutlich einzigen Reim, den er kannte, herunter und streckte fordernd die Hand aus.

Der Weihnachtsmann widerstand dem Drang sich zu verteidigen, der Kleine hatte es sicher nicht so gemeint. Die Zeiten schwarzer Rutenpädagogik waren schließlich lange vorbei. Solche Attribute führte er nicht mehr mit sich, was sich in der Elternschaft aber leider immer noch nicht überall herumgesprochen hatte. Also woher sollten die armen Kinder es wissen. Er reichte dem Jungen ein Geschenk aus dem Sack und schaute das nächste Kind in der Warteschlange freundlich an.

»Ich auch«, sagte das mit geöffneter Hand.

»Kannst du auch ein Gedicht? Oder ein Lied?«, lächelte der Weihnachtsmann.

»Will auch haben.«

Der Alte ermunterte: »Bloß einen gaaaanz kurzen Reim?«

»Gib her!«, stampfte das Kind mit den Füßen auf den Boden und zerrte am Sack. Der junge Vater dahinter schaute fast ebenso fordernd. Möglicherweise erwartete er vom Weihnachtsmann die pädagogisch wertvolle Lösung für derlei Situationen, welche ihm selbst noch völlig abging.

Doch der fragte sich stattdessen heimlich, ob die Ruten wirklich so verkehrt gewesen waren. Vieltausendjährige Reaktionsmuster konnte selbst ein Heiliger in wenigen modernen Jahren nicht so leicht ablegen. Sollten diese antiautoritären, ach so klugen Eltern zusehen, wie sie damit fertig würden. Unwirsch drückte er ein kleines Geschenk in die begierigen Händchen: »Auch wenn du es dir nicht verdient hast.«

»Jetzt Riesenrad!«, bestimmte das Kind und sauste mit dem ungeöffneten Päckchen davon, der Erziehungsberechtigte ergeben hinterher.

◆

Mutter und Tochter fuhren im Riesenrad, das diesen Namen nicht verdiente. Passender wäre die Bezeichnung Minirad, dafür machte es tüchtig Fahrt neben dem ehrwürdigen Dom zu Bremen. Tomke umklammerte die Reling, als wolle sie ihren Arm darum wickeln, fürchtete den Aufstieg und genoss das Abwärtssausen: »Das kribbelt so! Merkst du das auch?«

Maria blickte besorgt auf die dicht an der Gondel entlang drehenden Stahlträger, dichter als eine Kinderarmlänge. Bei den meisten Karussells war das Verbot hinauszugreifen eher prophylaktische Theorie, aber hier durfte man wirklich keinen Arm zur Seite strecken.

Drei Gondeln weiter hielt ein kleiner Junge ein Päckchen hinaus und erfreute sich daran, wie jeder vorbeikommende Träger das Geschenkpapier schlug, bis es schließlich zerfetzte. Maria erbleichte und ermahnte Tomke, dies absolut und nicht und nie und nie, nie, nie zu tun, erst auf Deutsch, dann zur Sicherheit nochmal auf Holländisch. Die brave Tochter nahm gleich ihre Achsel von der Reling, griff dieselbe ängstlich von der Innenseite und sah misstrauisch über die Seitenwand, gerade am höchsten Punkt des Rads. Tief unten schlängelte sich ein Engel zwischen den Menschen hindurch.

»Sind das die Seelen der Kinder?«, flüsterte Tomke ängstlich.

»Was?«

»Dieses Leuchten. Im Korb, den der Engel trägt. Jede Seele hat doch eine eigene Farbe.«

Maria verstand nur Bahnhof, suchte im Vorbeifliegen von oben nach unten die Lösung in den Steinfiguren am Dom, entdeckte aber kein passendes Bildnis: »Was für ein Engel?«

»Der mit dem grün-gelb-lila Licht im Korb. Du siehst ihn daaaa, wenn wir wieder oben sind«, wies Tomke aufs Kassenhäuschen, dessen korpulenter Insasse so gar nichts Engelhaftes an sich hatte. Doch auch von hoch oben war kein Engel mehr zu sichten, obwohl die Gondel kurz stehen blieb und beide nicht nur in Richtung Kassenhäuschen, sondern rundherum suchten. Eine halbe Runde weiter mussten sie aussteigen.

Danach ging es in den ›Happy Sailor‹. *Die Zeit der süßen Kinderkarussells ist viel zu früh vorbeigegangen*, bedauerte Maria. Selbst diese rasant drehenden Boote schienen schon fast zu langsam, auf dem Freimarkt bevorzugte Tomke bereits den ›Musik-Express‹ und die ›Wilde Maus‹.

»Trotzdem schön«, lachte sie. Schiffe für das Schifferkind.

»Goed gevaaren«, meinte auch die Mutter, als die Karusselboote anlegten, also gut geschippert. *Und jetzt?* Noch ein wenig entlang der verführerischen Auslagen bummeln und das Portemonnaie standhaft gegen das Betteln des Kindes verschließen, feilgebotene Holzpuppen und geschnitzte Tiere ebenso links liegen lassen wie Schokoladen-Crepés, Zuckerwatte und tausende Gesichter. Dass sich eines davon aus der Masse erheben würde, konnte Maria doch nicht riechen, schon gar nicht zwischen all den leckeren Adventsdüften.

Unzählige Lampen und Lichter glitzerten in Tomkes Augen und Herz. An einem Stand, der komplett mit feinen, blauweißen Lichterkettchen behangen war, konnte sie sich gar nicht sattsehen.

»Mama, warum ist der nicht bunt? Nur blau und weiß und blau und weiß und blau und …«

»Bayern«, unterbrach Maria die Farbbeschreibung in verächtlichem Ton, bevor womöglich sämtliche Lämpchen aufgezählt würden: »Da gibt es irgendwas Bayrisches, Brezeln oder so.«

»Und wieso ist Bayern blau-weiß?«

»Weil Werder grün ist«, schnaubte die Mutter, riss sich dann aber zusammen. *Es ist doch gut, wenn Kinder fragen und diese winzigen Lämpchen funkeln eigentlich wirklich hübsch*, dachte sie und erklärte: »Das sind die Farben der Flagge. Jedes Bundesland hat doch eine Flagge und die von Bayern ist eben blau und weiß.«

»Grüüüün!«, kreischte Tomke plötzlich, »bitte, ich will eine grüne Seele!«

Da sie die abrupten Stimmungswechsel ihrer Tochter gewohnt war und außerhalb des kreiselnden Riesenrads deren Blick leichter folgen konnte, entdeckte Maria den Engel nun selbst. Der geheimnisvoll leuchtende, vermeintliche Seelenkorb, den er, beziehungsweise sie, über dem Arm trug, enthielt selbstleuchtende Plastikarmbänder mit dem Logo eines Shoppingcenters. Im ersten Moment legte Maria schützend ihre Hand auf die große Umhängetasche mit der Geldbörse, doch dann gab der Engel einem älteren Herrn so ein gelbes Ding, sagte: »Darf ich Sie mit einem Licht in dunkler Nacht beglücken?«, und ging lächelnd weiter, ohne zu kassieren.

»Ein Glück, nur ein Promotion-Engel«, murmelte Maria und ermutigte daraufhin ihre Tochter: »Na, dann lauf hin und hole dir dein grünes Ding.«

»Und wenn es doch Seelen sind? Die Kinder, die aus dem Riesenrad fielen?«

»Passt schon. Leuchtende Seelen sowie Bänder sind nicht nur bunt, sondern auch rund«, kicherte Maria und erklärte: »Nein. Das ist Werbespielzeug aus der Fabrik. Ziemlich irdisch. Und außerdem fällt niemand aus dem Riesenrad.«

»Glaubst du? Ich weiß nicht. Der Engel sieht auch komisch aus. Engel sind Männer. Oder Kinder. Keine Frauen.«

»Das denkst du nur, weil du nur solche Bilder kennst. Dies ist eben ein weiblicher Engel.«

»Es heißt aber *der* Engel. Nicht *die* Engelin«, belehrte die Erstklässlerin ihre Mutter und fand ein weiteres Kriterium: »Außerdem haben Engel ganz andere Augen. Die von dem sehen viel zu süß und schmal aus, wie gebrannte Mandeln.«

»Das sind asiatische Augen. Mancher Engel kommt eben von weither geflogen und dieser sieht doch wunderschön aus«, sagte die Mutter während sie überlegte, wie das Aussehen von Engelsaugen definiert sein könnte und wer solches überhaupt festlegte.

»In China gibt es Drachen. Keine Engel.«

»Asien besteht aus viel mehr Ländern als nur China.« Maria bekam leichte Panik, nun den halben Weihnachtsmarkt entlang über die Nationalitäten und Geschlechter von Engeln diskutieren zu müssen. Und dabei womöglich auch den Penis des Sinterklaas vom letzten Jahr heraufzubeschwören. Da schien ihr Ablenkung mittels der Gier nach Dingen das kleinere Übel: »Jetzt trau dich. Geh schon hin und hol dir dein Armband. Oder grüne Seele, wenn du so willst.«

Tomke schielte zweifelnd zum entfernten Korb ihrer Begierde, dann sah sie verunsichert am Engel vorbei und runzelte die Stirn: »Ist das ein Mann oder eine Frau?«

»Vielleicht kann man das nicht beantworten. Vielleicht haben Engel gar kein Geschlecht. Oder alle zugleich.«

»*Den* meine ich doch nicht«, empörte sich Tomke, eine Mutter sollte gefälligst jedem Gedankensprung folgen können, selbst wenn der so weit war wie der Abstand zwischen Engeln und Menschen: »*Dahinter* steht noch jemand und starrt den Engel heimlich so seltsam an. Guck doch mal richtig. Hast du das nicht gesehen? So heimlich finde ich unheimlich.«

»Doch, sehe ich. Na und? Ein junger Mensch sieht den Engel total verliebt an. Passiert jedem mal, voll normal. Warte nur, bis du *deinen* ersten Liebesengel triffst, dann erklärt sich das von selbst.« Maria lächelte verträumt, ihre eigene Jugendliebe schwebte mit mächtigem Flügelschlag vorbei. Während ihrer Worte und Gedanken schob sich eine große Menschengruppe zwischen sie und den Engel. Als sie wieder freie Sicht auf die bayrischen Lichterketten hatten, war das grüne, lila und gelbe Leuchten davor verschwunden, samt dem Engel, an dessen Arm es hing.

»Wegen dir ist jetzt der Engel weg«, jammerte Tomke.

»Ich hab dir doch gesagt, geh hin.«

»Du hättest mit mir hingehen müssen.«

»Ein paar Schritte kannst du doch schon allein.«

»Nein, nur weil du so viel gequatscht hast, anstatt mit mir hinzugehen, du bist gemein!«

»Komm. Nicht streiten. Vielleicht finden wir ihn nochmal. Aber sicher nicht, wenn wir hier stehenbleiben«, ergriff die Mutter das Kinderhändchen. Schmollend tapste Tomke neben ihr her. Ein paar Buden weiter wurde sie bereits munter wie gehabt und suchte käuflichen Ersatz für die entgangene, grüne Seele.

Maria registrierte ein erstes Frösteln und verglich im Vorbeigehen akribisch die Glühweinpreise. Unverschämt teuer waren sie alle, nur manche noch etwas mehr. Die Diskrepanz zwischen Wärmebedarf und Preisniveau nervte. Noch mehr nervte sie, das Kind von jedem dritten Stand weiterzuziehen: »*Ja*, das ist wirklich sehr schön, aber *nein*, das kaufen wir nicht.«

Zu ihrer großen Erleichterung kreuzte beim Rathaus erneut ein lila-gelb-grünes Leuchten ihren Weg, noch etwas entfernt. Auch Tomke hatte es bemerkt und korrigierte ihren Kurs darauf zu. Der Promotion-Engel registrierte, wie Mutter und Tochter ihre Hälse verrenkten, um ihn im Gedränge einzuholen. Er verstand seinen Job gut, kam ihnen strahlend entgegen und beugte sich zu Tomke herab.

◆

»Weihnachtsmänner sind schon alltäglich«, brummelte der echte Weihnachtsmann mangels Kundschaft in seinen Bart: »Kein Wunder – bei all der künstlichen Konkurrenz.«

Als abermals eine Mutter ihr Kind weiterzog: »Nein, von dem Mann kaufen wir nichts«, war ihm das schon extrem peinlich. Sogar Kinder trugen hier ähnliche Weihnachtsmäntel wie er. Ein Heiliger sollte solch Maskeradespiel den Menschen überlassen, aber irgendwie musste er die teurer gewordenen

Zeiten ja finanzieren. Neidisch beobachtete er das Geschick eines kommerziellen Engel-Girls. Wie dankbar jenes zierliche, blonde Mädchen, das gerade von ihm selbst weggezogen worden war, von *dem* sehr wohl irgendein wertloses, grünes Bändchen annahm! Nur weil die Präsente nichts kosteten. Und wie geschickt diese geflügelte Frau ihre Worte setzte: »Schau mal, die hat mir heute Morgen eine Fee geschenkt und gesagt, ich soll sie einem Mädchen in einem roten Mantel geben.«

Nee, ist klar. Die vielen Weihnachtsgestalten heutzutage reichten anscheinend immer noch nicht, vom Christkind über den Nikolaus, sämtliche Engel und regionale Figuren bis zu ihm selbst. Für perfekte Werbung musste auch noch eine Fee aus dem Märchenland herbeizitiert werden. *Nicht zu fassen.* Sogar ein erwachsener Mensch fixierte den Fake-Engel völlig fasziniert und stand dabei wartend an die Mauer des Rathauses gelehnt, wie eine lauernde Katze. Worauf wohl lauernd?

Der Alte schnaubte so gereizt, dass sein Bart erzitterte. Er hatte allerdings erwartet, das Rathaus samt dem daran befindlichen Menschen und die Statue der Stadtmusikanten würden mitzittern, aber dieser Specialeffect funktionierte bei Nebenjobs offensichtlich nicht.

Alle Weihnachts- und sonstigen Männer bekommen kalte Hände, wenn sie tatenlos herumstehen und sich nicht einmal mit einem kleinen Erdbeben wärmen können. So auch der Echte. Er schob die Finger in seine Manteltaschen. Die rechte Hand kam allerdings nicht weit, da blockierte etwas mit langen Plüschohren den Platz. *Ach herrje, dieses blöde Hasenvieh, das fehlte noch. Keine Kunden, Handschuhe vergessen und die warme Tasche besetzt mit einem Geschenk ohne Empfänger. Wohin nur mit einem Tier, das keiner will?* Da kam ihm ein böser Gedanke, für den er sich sofort schämte.

◆

Tomke bog beruhigt an ihrem grünen Leuchtarmband, steckte es am Handgelenk ineinander und kreiselte dann beim Weitergehen mit dem leuchtenden Objekt in der Luft. In ihrer Logik waren alle Zweifel ausgeräumt: »Eine Fee handelt gewiss nicht mit Kinderseelen. Wenn *die* ihm mein Geschenk gegeben hat, dann ist der Engel auch in Ordnung. Und das stimmt, denn nur eine Fee konnte das alles wissen, was ich heute angezogen habe und noch mehr, dass ich ein grünes will. Sonst hätte ich garantiert lila bekommen. Ich bin doch ein Mädchen.«

Maria biss die Zähne zusammen, dankte dem Zufall und nickte nur. Vom klassischen Weihnachtsmarkt schon komplett durchgefroren ging es nun pflichtgemäß auch noch an die Weser, zum Mittelaltermarkt, jenem glorreichen ›Schlachte-Zauber‹.

»Wurden dort die Anwohner von den Piraten geschlachtet, oder andersherum?«, rätselte Tomke, als sie sich der letzten Kreuzung vor dem saisonalen Freibeuterdorf näherten.

»Keine Bange, da wurde niemand geschlachtet«, beruhigte die Mutter, obwohl sie daran bezüglich früherer Sitten so ihre Zweifel hatte. »Das kommt vom niederdeutschen Wort ›slagte‹, dem Einschlagen der Uferbefestigung. Das waren so Holzpfähle.«

»Zauberhaftes Schlagen?«, kombinierte Tomke skeptisch.

Maria gluckste, verdrängte die aufkommenden Symbolbilder von unanständigen Pfählen sowie liebevollen Schlägen und schob das Kind über den Bordstein auf die Straße: »Jetzt trödel doch nicht so. Grüner wird's nicht.«

Auch wenn dieses Holz-, Kunst- und Handwerksgemisch ihr deutlich besser gefiel als der vorherige Kommerz rund um Roland und Rathaus, konnte sie es leider kaum noch genießen. Denn wie jedes Jahr waren die Hände vor Ankunft bereits in einem Zustand, der nach Heizung brüllte. Oder wenigstens nach einem Glühweinglas. Sie hatte schließlich nicht aus Versehen die Straßenbahn genommen, statt das sonst bevorzugte Auto. Inzwischen war ihr der Preis für etwas Wärme komplett egal.

Doch ihr Kind wollte Bienenwachs-Kerzen ziehen. Das hatte Tomke seit Markteröffnung zum drittwichtigsten Küchentischthema gemacht, neben den Vorwürfen, wer alles schon da gewesen sei, sowie ihrem unbedingten Wunsch nach einem Haustier. Und zwar bei jeder Mahlzeit, weil dort die Kerze vom letzten Jahr stand - ein spiralförmiges Kunstwerk, extra für die Mama in grünes Wachs getunkt, passend zur Küchenfarbe. Maria musste zugeben, dass sonstige Kinderbasteleien selten so ansprechend aussahen, und die von diesem Jahr sollte noch schöner werden. Was eigentlich unmöglich schien, aber Tomke hatte genaue Pläne für Farbe und Form, die sie jeden Tag etwas verfeinerte. Und nun war sie auf der Zielgraden dorthin. Die Hütten der Schlachte-Promenade tauchten auf. Aus einer der ersten trat ihnen der Seilmacher beflissen entgegen.

»Möchtest du ein Seil drehen?«, fragte er Tomke.

»Ja! Dann hab ich schon eine Hundeleine! Oder zum Seilspringen, für das Kaninchen!«

Maria schluckte, ignorierte das Tierthema und warf alle Abwehrargumente ins Feld, die ihr einfielen: »Das hast du doch schon auf anderen Märkten gemacht. Du hast doch bereits mehrere Seile, die unbeachtet in der Ecke liegen. Und die sind nur für drinnen geeignet, draußen verrotten die schnell. Weißt du noch, wie das im Garten am Baum hängende bald aussah?«

Der Seilmacher hielt ohne Atempause zwischen den Worten dagegen: »Das war bestimmt alles nur Sisal, womöglich gar ein Verbund mit Kunststoff, dies aber ist echtes Hanf, das hält, das müssen Sie ausprobieren, das ist ganz was anderes, gönnen Sie der Kleinen doch den Spaß!«

Während seines Verkaufsmonologs hatte die geplagte Mutter endlich das Preisschild entdeckt, noch einmal schwer geschluckt und ihre Entscheidung getroffen. Nämlich die Entscheidung an das Kind abzugeben: »Nun gut, es kostet ungefähr genauso viel wie Kerzen ziehen. Das hatte ich dir ja versprochen. Aber für eins musst du dich schon entscheiden. Beides wäre zu viel Geld.«

Tomkes Gesichtchen überzog ein Hauch von Trauer, aber sie überlegte nicht lange: »Dann Kerzen ziehen. Komm!«

◆

Schämen half nicht, böse Gedanken ziehen sich manchmal hartnäckig wie geringelte Kerzen. Selbstredend wusste der Weihnachtsmann, dass man Tiere niemals aussetzen darf, und ein Heiliger konnte sich erst recht keine Grausamkeiten erlauben. Doch seine gutmütige Gelassenheit ließ ihn heute im Stich. Er war genervt vom chronischen Geldmangel, ihm war kalt und es ärgerte ihn, dass ein Hase, nach dem niemand gefragt hatte, ihn hinderte, seine Hand in der Manteltasche zu wärmen. Das machte ihn anfällig für einen kleinen Teufel im Ohr, der die Schwäche erkannte und postwendend eine Rechtfertigung in die weihnachtsmännlichen Gedanken pflanzte: Er habe den Hasen nicht gekauft, also wäre er auch nicht für ihn verantwortlich.

◆

»Bezahlt wird nach Gewicht. Sie sind also selbst verantwortlich, wie dick es wird«, grinste die Freibeuterin und demonstrierte kurz die altmodischen Gewichte auf ihrer noch altertümlicheren Waage. Der Docht hing mit einer Schlaufe über Tomkes Zeigefingerchen. Nach jedem Eintunken liefen die Kinder eine Runde um die Hütte, damit das Bienenwachs am Faden abkühlte und es kein Geschubse an den großen Kübeln gab. *Geschickt geregelt, Zeit und Raum reibungslos definiert*, dachte Maria und ermahnte die singend vorbeihüpfende Tomke zum wohl zehnten Male, den Docht über dem heißen Zeug nur gut festzuhalten. Zwischendurch half ein Mitarbeiter, die halbfertige Kerze für die Spiralform um einen Stab zu wickeln, dann ging der Run ums Haus weiter. Das ständige Kekslied näherte und entfernte sich Runde um Runde, der Ohrwurm blieb, die bleistiftdünne Spirale wurde elend langsam dicker. *Warum kann man Kerzen nicht schnell drehen, wie Taue?*, fragte Maria sich. *Wie lange stehe ich hier eigentlich schon herum?* Es gab neben fortschreitender Dämmerung nur schwammige Zeithinweise in diesem Raum der wachsenden Wachsdinger: Sie hatte drei Zigaretten geraucht, viermal zog eine junge, auf alt geschminkte Frau das Holzwägelchen voller Grünzeug vorbei: «Misteln zu verkaufen, schöne grüne Misteln!», zweimal davon musste sie Tomke überzeugen, keinen jener angepriesenen Buschbündel mit der Straßenbahn nach Hause tragen zu können. Am Ende war die Kerze dünner, aber teurer als letztes Jahr.

»Doch ja, wunderschön, natürlich«, keine Mutter, die anderes behaupten würde.

◆

Der Weihnachtsmann kämpfte und schimpfte mit sich selbst: »Natürlich ist man für seine Mitwesen verantwortlich, egal wo sie herkommen.«

Was Menschen manchmal noch Mühe machte, sollte zumindest dem Weihnachtsmann selbstverständlich sein. Aber der kleine Teufel ließ nicht locker: *Da könnten ja hunderte Hasen auf den Schlitten springen und sich von ihm versorgen lassen, wo käme er da denn hin, wolle er ein Hasentierheim gründen? Oder künftig allen Kindern nur noch gammelige Hasen schenken? Solche Selbstläufer sollte man im Keim ersticken, das blöde Vieh musste weg.* Als dem Weihnachtsmann dann noch ein Geschenk aus der inzwischen kältesteifen Hand fiel, woraufhin das beschenkte Kind lauthals weinte und ihm das verschmutzte Paket vor die Füße schleuderte, siegte der kleine Teufel in ihm.

Er packte das ohnehin ruinierte Geschenk aus, warf ein darin enthaltenes Plastikauto zurück in den Sack und strich das zerknitterte Papier glatt. Dann fragte er beim benachbarten Adventskranzverkäufer nach einem Stift sowie Tesafilm, breitete die weiße Rückseite des Geschenkpapiers zwischen dessen Kranzzweigen aus und kritzelte darauf: »Bin gleich wieder da, euer Weihnachtsmann.«

Hektisch klebte er übertrieben viele Klebestreifen an alle Seiten und steckte den Stift gedankenlos in seine Manteltasche.

»Hey, hierlassen!«, schimpfte der Verkäufer und schnappte sich vorsichtshalber schnell seinen Tesafilmhalter. Dank dessen Marktschreierstimme begafften alle Umstehenden den Übeltäter, sogar die am Rathaus wartende Gestalt ließ ihren Engel dafür kurz aus dem Blick.

Ertappt wühlte der Weihnachtsmann das Schreibwerkzeug aus der Tiefe seines Mantels unter dem Hasen hervor und warf es gereizt auf den Tresen des Kranz-Standes, wo es in einem Haufen Tannenzweige unterging. Dann klebte er seine Abwesenheitsinfo auf die Bremer Stadtmusikanten, genaugenommen an die Brust des Esels. Kurz war ihm, als schiele sogar die Bronzefigur ihn missbilligend an, dann schüttelte er den Kopf und schlich sich vom Marktplatz an die Schlachte. Im Freibeuterdorf war Illegales vermutlich erlaubt.

◆

Die fertige Kerze wurde, in Papiertücher äußerst kompliziert eingewickelt, bruch- und diebstahlsicher in Mutters Tasche verstaut. Endlich durfte Maria ihren Glühwein bestellen und schäkerte dabei kurz mit dem mittelalterlich verkleideten und ebenso altertümlich sprechenden Personal. Der junge Freibeuter hinter dem Tresen merkte innerhalb von zwei Sätzen, dass er dieser Kundin gegenüber die Augen verdrehen durfte. Der Abend würde für ihn noch lang werden, den Spaß hatten die anderen. Maria fühlte sich ihm verbunden.

»Trotz Straßenbahn wäre es ganz klug, zum Alkohol etwas zu essen«, liebäugelte sie mit dem Nachbarstand. Ihr Gesprächspartner nickte: »Die sind gut, mach mal«, und gab dem nächsten Kunden einen Becher mit Met, dem hier meistverkauften Getränk. Dann fügte er über die Schulter hinzu, als könne er ihren aktuellen Gedanken lesen: »Damit sparst du dir zu Hause auch das Abendbrot für die Kleine.«

Sie kaufte also Knoblauchbrot mit Oliven, Schafskäse und Röstzwiebeln, fürs Kind dazu einen Käsespieß. *Gibt es einen Sitzplatz? Da, überdachte Holzbänke und Tische bei den Dudelsackspielern, schade, alle belegt,* überlegte Maria, nicht ahnend wie der Sitzplatzmangel ihren Blickwinkel folgenschwer verändern würde. Sie aßen trotzdem urig gemütlich, hockend auf den Holztreppenstufen zum Podest mit weiteren Tischen und vor einer Hängematte, die gegen eine Piratenfigur schaukelte.

Just als Tomke satt war, wurde diese frei. Maria ermunterte Tomke hineinzuklettern, denn die liebte Hängematten. Sie musste ihr allerdings dabei helfen – nicht, weil sie es nicht allein gekonnt hätte, aber wegen gehöriger Angst. Denn neben der Hängematte saß die Piraten-Schaufensterpuppe, von deren Bewegungslosigkeit Tomke nicht wirklich zu überzeugen war: »Er hat mich aber angeschaut.«

»Er schaut nicht, das sind starre Glasaugen.«

»Doch! Er guckt! Sieh, wie seine Augen glitzern.«

»Das sind Lichtreflexe, die dich täuschen.«

»Und wenn er mich plötzlich festhält?«

»Das kann er nicht. Es ist nur eine Puppe.«

»Er hat aber geredet. Er hat gedroht: Alles ist zu spät.«

»Das war jemand am Tresen, der nach Hause will.«

»Nein! Es kam aus seiner Richtung und er hat mich dabei böse angeschaut.«

Maria gab die rationale Ebene auf und kam der Vorstellung ihrer Tochter mildernd entgegen: »Bestimmt war es nur der Papagei auf seiner Schulter. Die plappern gerne so fiese Piraten-Standardsätze.«

»Beißt der?«

»Garantiert nicht, solange du ihn nicht anfasst. Auch ein echter Piratenpapagei würde die Schulter seines Herrn nie verlassen.«

Das leuchtete im Rahmen der Kinderlogik ein, Tomke nickte weise, angelte mit den Beinen nach der Hängematte, aber presste noch haltsuchend Marias Finger zusammen. *Seltsam, dass sie einen verkleideten Barkeeper nicht fürchtet, eine Puppe schon.* Maria wunderte sich, nach welchen Kriterien Kinder echte Piraten identifizieren und pikste der Attrappe neckisch mit einem Finger in den Bauch: »Siehst du, der rührt sich nicht.«

»Der tut nur so! Mach ihn nicht wütend!«

Aber nachdem die Mutter lachend auch den Papagei gekrault, die Haare des Piraten angefasst und deren Materialstruktur als absolut künstliches, drahtiges Plastik beschrieben hatte, wurde das Kind endlich locker. Es kletterte im schwankenden Netz herum und lauschte den Dudelsäcken. Maria setzte sich nun andersherum auf die sandige Holztreppenstufe des Podests.

Hätte sie das nicht getan, hätte sie *ihn* nie gesehen.

◆

Heimlich davonschleichen war für den Weihnachtsmann nicht so einfach, vor allem wegen der auffälligen Uniform. Zwischen den gezimmerten, nur mit Fackeln beleuchteten Holzbuden an der Weser fiel rot offenbar mehr auf als im bunten Lichtermeer. Ständig bildeten sich Trauben von Kindern um ihn herum und er musste sich bei ihnen entschuldigen: »Ich mache gerade Pause. Geht bitte zum Marktplatz und wartet dort auf mich. Am Schild bei den Stadtmusikanten. Bin gleich wieder da!«

Erst bei einem Glühweinstand hielt eine gruselige Piratenpuppe alle Kinder auf Abstand, bis auf eines, das aber versunken in einer Hängematte der Musik lauschte. Hier bekam er unbeobachtet Gelegenheit zur bösen, geplanten Tat.

◆

Auch Maria hatte kein Auge für den echten Weihnachtsmann. Jedenfalls nicht den in Rot, der sie beim Sprung die Stufen hinauf kurz streifte. Denn da saß *er*, ein Stück weiter, auf einer Bank am Tisch, überwiegend schwarz gekleidet. Als ihre Blicke sich trafen, setzten die Fackeln alle Hütten in Flammen. Sie erschrak und sah schnell nach rechts zu ihrer Tochter. Die schaukelte konzentriert. Während Maria vorsichtig den Kopf wieder nach links drehte, ging sie davon aus, sich geirrt zu haben: *Es gibt keine interessanten Männer zwischen hier, gestern und heute. Na ja, in zehn Jahren eventuell, vorher haben Alleinerziehende gar keine Zeit, also auch keinen Raum im Kopf frei. Und wenn doch, sind die Kandidaten garantiert zwanzig Jahre zu jung.* Seltsamerweise hatte sie sich aber nicht geirrt: Er saß immer noch da und lachte seinem Gegenüber zu. Was war das für ein jungenhaftes Lachen unter den silbergrauen Schläfen? Und wie aufmerksam, mit reicher Mimik er seinem Gesprächspartner lauschte. Aber dann trotzdem, wie in kindlichem Erstaunen bei einer magischen

Erscheinung, über dessen Schulter erneut zu Maria sah. Sie fixierten sich wiederum kurz und intensiv, dann flohen ihre Augen zu den grauen Steinchen, die hier den Boden bedeckten. Sie wischte mit den Füssen darin herum.

Kleinere Füße scharrten ebenso in den Steinen, ein ungefähr dreijähriges Kind sah dem echten Weihnachtsmann nach, der sich verstohlen unter einen Tisch gebückt hatte und nun davoneilte. Dann zauderte es an der Hand des Vaters neben der Hängematte.

»Willst du mitschaukeln?«, übte Tomke den sanften Ton einer potentiell zukünftigen Mutter. Die verlangenden Augen des Kleinen bejahten die Frage, aber die Kopfbewegung verneinte.

»Das ist doch lieb von dem großen Mädchen, trau dich!«

»Trau dich!«, plapperte Tomke die Ermunterung des Vaters nach und erklärte: »Ich beiße nicht. Der Papagei auch nicht. Vielleicht kriege ich auch bald einen.«

Das Kind bemerkte den gefährlichen Freibeuter samt Papagei hinter Tomke, glaubte aber noch unbedarft der schlichten Feststellung des Erwachsenen: »Das ist eine Puppe.«

Auffordernd drückte Tomke den Rand der Hängematte herunter. Das Kind griff zu, bekam das Beinchen jedoch nicht hoch genug und der Vater schob hilfreich von hinten nach.

»Wunderschön!«, jauchzte das Kind, als Tomke losschaukelte.

Er war wunderschön. So lebendig und ausdrucksstark. Feine Lippen, die in kurzer Zeit so viele Formen annahmen. Ein Gesicht, wie sie es sich in allen Träumen nicht hätte ausmalen können. Ein wenig klassisch, aber anders. Ein wenig sanft, aber eigenwillig. Wie warmherzig er auf seinen Gesprächspartner reagierte, was Maria mit Gefallen, aber auch Bedauern registrierte, denn sie hatte inzwischen den Verdacht, dass es kein Partner, sondern eine Partnerin war. *Sicher? Ja!* Der Rücken und Hinterkopf seines Gegenübers zeigten eindeutig weibliche Formen und Bewegungen. Die Art, wie beide sich quer auf der Bank dicht gegenüber saßen, wie fürsorglich er manchmal schaute, ließ auf eine Beziehung schließen. Dennoch schwebte sein Blick über ihre Schulter zu Maria. Geschätzt nach jedem dritten Satz. Die gedämpfte Beleuchtung loderte jedes Mal hoch und sie brannten einen Moment ihre Augen ineinander. Fesselnd. Wollend. Fragend. Wissend: »Du bist es, dich habe ich ein Leben lang gesucht. Und gleich werden wir in der Menschenmasse untergehen und uns nie wiedersehen.«

◆

Unbemerkt war der Weihnachtsmann schon lange in der Menschenmasse untergetaucht, um mit in beiden Manteltaschen gewärmten Händen sowie von Kindern verfolgt am Marktplatz wieder aufzutauchen. Er riss seinen Zettel vom Esel und verteilte seine Geschenke gegen Gebühr. Auf einmal lief das Geschäft wie geschmiert. Noch ein, zwei Stunden so weiter und er könnte alle noch unerledigten Kinderwünsche für den Heiligen Abend finanzieren. Inklusive technischer Geräte sowie Haustiere. Nur sein Gewissen nagte und nagte am Wohlgefühl.

◆

Der Hase wackelte mit einem Ohr. Irritiert spähte Tomke unter den nächsten, aus grobem Holz gezimmerten Tisch und ärgerte sich schlagartig über das Schaukeln der Hängematte. Das Kleinkind griff gierig nach ihren Händen, die sie ihm soeben, mitten im wilden Spiel, entzogen hatte. Genervt verschränkte sie ihre Arme: »Hör mal auf! Halt mal still!«

Aber das Kleine lachte, packte beide Ränder der Hängematte und gab tüchtig Anschwung. Die dicken Baumstammstücke, die rund um den Glühwein- und Metstand als Stühle dienten, wippten in Tomkes Augen auf und ab. Angespannt versuchte sie dennoch, das Stoffobjekt zu erkennen, welches an einem davon auf dem Boden lehnte. Und nun mit dem anderen Ohr wackelte, hatte sie das doch richtig gesehen? Die diffuse Beleuchtung unterstützte die Identifizierung von kleinen Gegenständen unter Tischen nicht wirklich. War es grau? Oder graubraun? Es trug auf jeden Fall ein grünes Kleid. Nein. Das war kein Kleid. Eine Latzhose! Das Tier trug eine grüne Latzhose mit weißen Linien, die ein Karomuster ergaben. Niemand saß an dem Tisch darüber. *Wir sind die einzigen Kinder hier*, musterte Tomke prüfend ihr kleines Gegenüber, das keinerlei Interesse an oder Wahrnehmung für das Ding unter dem Nachbartisch zeigte. Der Hase winkte mit der Pfote. Tomke kniff die Augen zu einem Spalt, der kaum weniger schaukelte. Tatsächlich. Das Tier war ein Hase und winkte ihr zu. *Lief da vorhin nicht ein Weihnachtsmann längs? Hatte er das verloren? Oder gebracht? Sollte dies ihr ersehntes Haustier sein?* Mit einem entschlossenen Satz sprang sie aus der Hängematte. Das Kleine kugelte durch den Schwung beinahe mit heraus, prompt weinte es lautstark und herzerweichend. Während der Vater tröstend herbeisprang und vergeblich nach tödlichen Schäden suchte, tauchte Tomke blitzschnell unter den Tisch. Sie schnappte sich den Hasen, schob ihn unter ihre Jacke und vergewisserte sich mit flotten Blicken, dass keiner sie dabei beobachtet hatte. Ein Glück! Ihre Mutter glotzte seltsam weltverloren zu einem anderen, fernen Tisch. Was auch immer es dort zu sehen gab, Tomke sah nichts außer Möbeln und Menschen. Das Kleine hing heulend auf dem Arm des Vaters, der es abtastete, weil er lebensgefährliche Verletzungen durch das große, böse Mädchen vermutete. Alle anderen Marktbesucher hielten Blickkontakt mit ihrer Begleitung oder ihrem Glühweinbecher, beziehungsweise suchten diesen bei einer Bedienung.

Maria überlegte fieberhaft, ob sie das unweigerliche Niewiedersehen irgendwie verhindern könnte. Es war unmöglich, einen Mann anzusprechen, der offensichtlich mit seiner langjährigen Partnerin ausging oder gerade mit seiner neuen Freundin flirtete. Wer oder was auch immer sie war, der dieser Rücken gehörte, sie gehörte zu ihm und war eine Mauer, die Maria nicht überspringen durfte. Aber sie wollte nicht gehen, ohne ihm eine Chance zu geben, sie zu finden. Womit könnte sie ihm ein Zeichen geben? Eventuell ihre Zeichnungen, die sie neuerdings versuchte zu verkaufen, um hoffentlich einen Beruf daraus zu machen? Ja, das war unverfänglich und auf der Werbung stand ihre Webseite. Sie kramte tief in der Umhängetasche. Zwischen der Bienenwachskerze und sonstigen Weihnachtsmarkt-Errungenschaften, wie einem Kindergewinn vom Nussknacker-Angeln und dem eingewickelten Restbrötchen ohne Fischfrikadelle, zog sie ihre visitenkartenkleinen, erst kürzlich gedruckten Flyer hervor. Davon zählte sie zwei, *ach doch lieber vier*, ab und hielt diese lange in der Hand: Es galt einen geeigneten Moment abzuwarten und seine Blicke noch eine Weile zu genießen.

»Hallo. Danke«, flüsterte ein Stimmchen an Tomkes Brust.

»Gern«, hauchte sie zurück, stopfte die Beine des Hasen unter ihrem Shirt in den Hosenbund, damit er nicht herausfallen konnte, und kletterte scheinheilig zurück in die Hängematte. Am Bauch fühlte sie ein wackelndes Ohr. Nun ja, es war Weihnachtszeit, da krabbelten auch dicke Männer durch enge Schornsteine. Warum sollten Stoffhasen dann nicht flüstern und wackeln? *Magisches Recht für alle*, grinste Tomke und zog vage in Erwägung, doch wieder an den Weihnachtsmann zu glauben. Sie gab der Mattenschaukel tüchtig Schwung.

Das Kleinkind reckte die Ärmchen zum schwingenden Objekt und strahlte augenblicklich, als hätte es in Tomke das Christkind höchstpersönlich erkannt. Der Vater zögerte, sein

Herzblatt erneut der Matte und dem wilden, großen Mädchen anzuvertrauen, da er jedoch keine ernsthaften Verletzungen hatte feststellen können, setzte er das strampelnde Kind wieder hinein. Es ergriff Tomkes Hände und beide schaukelten sanft und einig wie zuvor.

◆

Rudolf bockte, der Schlitten schaukelte. Er war schrecklich schlecht drauf und hätte den Alten am liebsten selbst den Karren aus dem Wolkenschnee ziehen lassen. Es war jene Art von Furcht, die Wut erzeugt. Bei allem, was er tat, verfolgte ihn die Erinnerung an den fiesen Unfall letztes Jahr. Auch wenn es ihn nicht direkt erwischt hatte, sondern das Pferd des holländischen Sinterklaas. Wer garantierte ihm, dass seine Kollegen diesmal nicht *ihn* über den Haufen rennen würden? Zudem hatte er noch erfahren, dass er von einer Kaufhaus-Marketingaktion abstamme. Wie hämisch die Rentiere des Nikolaus ihm dies erzählt hatten! Sie allein wären die echten, ersten, heiligen Schlittentiere. Von einem richtigen Schriftsteller geboren. Er aber sei nichts als ein Promotion-Gag.

»Ein ziemlich dicker Witz«, hatten sie ihn ausgelacht. Als Dasher, Dancer, Prancer, Vixen, Comet, Cupid, Donner und Blitzen so gemein und alle zugleich über Rudolf herzogen und durcheinander quatschten, war ihm ganz schwindelig geworden. *Das ist zweifellos Flugangst*, folgerte er, um seinen wahren Gefühlen zu entfliehen. Dieses Jahr würde er keinen Huf in den freien Himmel setzen. Wütend stierte er seinen Herrn an und wie freundlich jener ihm auch zuredete, der Schlitten bewegte sich keinen Zentimeter.

◆

Geeignete Momente waren rar gesät. Die Hoffnung sank, Maria stierte *ihn* an, ob er schaute oder nicht. Statt sich dem Zauber hinzugeben, haderte sie mit ihrer Lebenssituation: *Wird doch nix. Ich bin nur ein Normalfall der Statistik. Die besagt, dass Alleinerziehende überwiegend allein bleiben, bis das Kind aus dem Gröbsten raus ist. Die meisten lernen sogar erst dann neue Partner kennen, wenn die Kleinen aus dem Haus sind. Logisch, ohne Schnittpunkte: Mütter müssen meist das Haus hüten, bevor alleinstehende Männer ihr Haus überhaupt verlassen! Ist doch so. Wenn ich bei der Abendbrotvorbereitung bin, kommen die Kerle gerade erst von der Arbeit. Zur Zeit der Vorlesegeschichte gehen sie unter die Dusche und erst wenn ich, ans Haus gefesselt, den Kinderschlaf bewache, machen sie sich auf zur Frauenjagd in der nächtlichen Single-Szene. Das reduziert die Begegnungschancen enorm. Es bleibt fast nur noch der Weg zur Arbeit, den habe ich aber auch nicht. Oder wenn eine Mutter mal alle fünf gerade sein lässt, also das Kind wegen Festivitäten länger wach bleiben darf.*

Wie jetzt, auf dem inzwischen dunklen Weihnachtsmarkt. Maria sah auf die Uhr und bekam sofort ein schlechtes Gewissen. Viele Sitzbänke hatten sich bereits geleert. Aber sie konnte sich von dem Gesicht nicht losreißen.

◆

Ich bin selbst schuld, sank dem Weihnachtsmann das Herz in die rote Hose. Rudolf schien alles zu wissen. Er hatte sonst noch nie gebockt, manchmal war er ja ein wenig faul, aber den Dienst verweigern? Nein. Er hatte sein Vertrauen verspielt. *Tiere spüren das*, wusste der Alte und bezog recht menschlich alles auf sich selbst. Von tierischem Mobbing und Flugangst ahnte er nichts. Dieser vorwurfsvolle Blick seines treuen Rentieres fragte doch eindeutig: »Und? Wann setzt du mich aus? Wie den Hasen?«

Was sollte aus Menschen und Tieren werden, wenn nicht einmal mehr dem Weihnachtsmann zu vertrauen war? Er musste es ungeschehen machen! Er musste den Hasen wiederfinden.

◆

»Wie heißt du?«, fragte das Kleine.

»Osterhase«, antwortete der Hase.

Ungläubig starrte das Kind Tomke an: »Aber du bist doch ein Kind?«

»Christkind«, scherzte Tomke.

»Ach soooo«, meinte das Kleine erleichtert, »hast du die Briefe bekommen? Krieg ich dann von dir eine Puppe, die echt pinkeln kann?«

»Also bist du ein Mädchen«, folgerte Tomke.

»Ja? Bitte?«, bettelte die Kleine.

»Mal sehen«, wich Tomke aus, streckte einen Fuß aus der Matte und stieß sie tüchtig vom Boden ab. Ihre Mitschauklerin jauchzte und hob an zu singen: »Christkind schaukelt, schaukelt, schaukelt, Christkind schaukelt …«

Tomke genoss die unerwartete Ehre, überlegte, wem sie das zu verdanken hatte, und flüsterte an sich herab: »Echt jetzt?«

»Klar«, bestätigte der Hase.

»Quatsch. Osterhasen tragen Körbe. Keine Latzhosen.«

»Freizeitlook«, erklärte der Hase.

Ich sollte mal einen Leserbrief an eine Zeitung schreiben, überlegte Maria und formulierte den Aufruf: »Also, ihr einsamen Männer, wenn ihr massenhaft alleinstehende Frauen treffen wollt, ändert euren Blickwinkel und eure Zeiteinteilung. Besucht tagsüber Straßenfeste, Jahrmärkte und Kinderveranstaltungen. Haltet nachmittags in Schwimmbädern die Augen offen, geht auf Spielplätze und schlendert in eurer

Mittagspause zur Abholzeit vor Kindergärten herum.«

Bei dieser Vorstellung knirschte Maria mit den Zähnen und verwarf den Text. Denn Männer, die regelmäßig bei Kindergärten und Spielplätzen herumlungerten oder trotz gestandenen Alters im Schwimmbad Frauen anquatschten, wurden im Allgemeinen misstrauisch beäugt. Derart verdächtige Typen müssten sich auf wüste Beschimpfungen oder geringstenfalls unbequeme Fragen einstellen. Und wer würde dann schon gerne zugeben, dass er nur ganz seriös auf Brautschau sei. Wie sähe das denn aus. Das glaubt sowieso keiner und wenn, wäre es trotzdem total peinlich. Arme Männer. Die Welt war irgendwie schon kompliziert. Alles wäre einfacher, wenn es mehr alleinerziehende Väter mit gleichem Tagesablauf geben würde. Aber die sind bekanntermaßen extrem rar gesät und die wenigen interessanten Exemplare darum auch im Handumdrehen neu vergeben.

Ob die beiden auf der Bank wohl Kinder hatten? Ob sie zusammen Weihnachten feierten? Waren sie miteinander froh oder voneinander gefrustet? Wenn sie froh waren, warum flirtete er über die Schulter dann mit ihr? Nur ein kleiner Kick fürs Ego oder echtes Interesse? Ob er sich Marias Gesicht merken würde, bis der Tag der Trennung von seiner Bankpartnerin nahte? Könnte er sie dann finden?

Maria rieb ihre Kärtchen wie magische Steine, um sie mit Energie aufzuladen. Es waren ihre Wunschzettel für ihren Weihnachtsmarktkerl.

Tomke schaukelte so wild, dass sich ihre Mitschauklerin ganz angespannt an ihre Hände klammerte.

»Ich erkläre dir alles«, versprach der Hase, »aber nicht jetzt.«

»Jetzt ist Weihnachtsmännerzeit«, nickte Tomke. Einige Sekunden später zweifelte ihre heranwachsende Vernunft bereits am Hasengespräch: *Das war sicher ein Hasenselbstgespräch.* Und zusehends verblasste ihre Erinnerung daran.

Der unpassende Moment kam dann schneller als gewünscht, Maria musste ihn passend machen. Gerade als eine mittelalterlich gekleidete Frau mit einer Art kleiner Harfe sich neben sie setzte und begrüßend nickte, kletterte Tomke resolut aus der Hängematte und befand, es sei an der Zeit weiterzugehen. Sich auf eine längere Diskussion einzulassen war sinnlos, das Kind würde ihr keine Chance mehr geben, den Mann ihres Lebens in Ruhe weiter anzuschauen. Das Essen war längst Geschichte, die Hängematte hatte ihren Reiz verloren, die Dudelsackspieler packten ein. Es gab keinen logischen Grund mehr, den sie vorschieben könnte, um länger zu bleiben. Also jetzt oder nie. Maria stand auf: »Ja Tomke, ich komme, einen Moment.«

Mit strahlendem Lächeln, abgeguckt vom professionellen Engel, drückte sie zuerst der Harfenspielerin ihre Werbung in die Hand: »Ich lass dir eben ’ne Info zu meinen Illustrationen da. Du siehst so aus, als könnte dir das gefallen.«

Die nahm das Papier erstaunt an, während Maria einen gewagten, langen Schritt um zwei Bank-Enden herum vollführte, um vom Kopfende des entscheidenden Tisches zwei weitere Kärtchen professionell auf die Holzplatte zu schnippen: »Ach, für euch lass ich auch welche da.«

Was riskant war, denn gegenüber dem eigentlichen Zielobjekt und seiner Partnerin saßen noch zwei Leute, die sich darüber hinwegsetzen könnten, dass die Wurfpost eindeutig auf die andere Tischseite gelegt worden war. Beim Schritt zurück über die Bänke legte sie den letzten Miniflyer auf den verbliebenen besetzten Tisch, der ihr eigentlich näher gewesen war. Ohne den hätte es so peinlich gezielt gewirkt. Dabei registrierte sie aus dem Augenwinkel erfreut, dass der Traummann sich flink ein Kärtchen geschnappt hatte: »Was is’n das?«, und es gerade hoch neben eine Fackel hielt, um die winzigen Buchstaben zu entziffern. Maria lächelte, diesmal echt: *So. Eine Spur ist gelegt. Jetzt aber schnell der Spur des Kindes folgen,* das voraus ins Getümmel gestiefelt und nicht mehr zu sehen war.

◆

Die Spur des Hasen wartete noch auf Verfolgung. Sein Smartphone verzögerte das Vorhaben des Weihnachtsmannes erheblich; während des Nebenjobs waren darauf seitenweise Kinderwünsche eingegangen. *Papier war irgendwie geduldiger,* erinnerte er sich. Kurz spielte er mit dem Gedanken, einen anderen Administrator für die Wunschzettelgruppe des Weihnachtsmannes zu suchen, dann ließ es ihm doch keine Ruhe. Zwanghaft wie ein Erdenbürger überflog er die Nachrichten, obwohl es im echten Leben Wichtigeres gab. *Seltsam. Keine vierte Anfrage wegen der pinkelnden Puppe*, wunderte er sich. Er würde sie trotzdem besorgen, es sprach doch nichts gegen Puppen. *Solange sie nicht leben*, zog er Konsequenzen aus seinem eigenen Fehler: Der Weihnachtsmann strich zuerst alle Kaninchen, dann sämtliche Haustierwünsche aus der Wunschzettelgruppe und legte das Gerät zurück ins Handschuhfach des Schlittens: »Oh ho ho, da liegen ja auch die verflixten Handschuhe!«

Er ergriff sie und sauste endlich gen Bremen hinab. Ein wenig zu flott, beim Eintritt in die Erdatmosphäre flutschten ihm die Fäustlinge aus den kalten Händen. Seitdem umkreisen sie den Planeten und verwirren manchen Wissenschaftler. Zeit zum Ärgern blieb dem Hasensucher keine, denn wegen des Tempos musste er den neuen Zahnersatz zusammenbeißen und seinen Bauch festhalten.

◆

Der Hase streichelte Tomkes Bauch. *Das konnte in dem Menschengedrängel ebenso wie in bewegten Hängematten schon mal vorkommen*, erstickte das Mädchen weiter jeden Glauben an lebendige Stoffosterhasen in grünen Latzhosen im Keim. Tomke sah sich um und wartete, bis ihre Mutter sie eingeholt hatte. Verblüfft vernahm sie deren freundlichen Ton statt Schimpfe: »Hey, wie schön, da bist du ja. Nächstes Mal bitte zusammen losgehen, okay?«

Beschwingt setzte Maria ihren Weg mit der Kleinen fort. Ihre Hoffnung verzauberte die Schlachte. Die Kälte war vergessen, Handwerkskunst und Fackellichter berührten ihr Herz. Die vielen Menschen schienen alle freundlich und selbst eine Gruppe fluchender Holländer bekam ihren fröhlichen Weihnachtswunsch: »Prettige Kerstdagen!«. Sie fand es gar nicht mehr schlimm, als Tomke sie zwang, noch eine Weile der Musik zu lauschen und zu tanzen. Das Kind hatte völlig recht vor der kleinen Bühne stehenzubleiben, diese maritime Frauentruppe traf genau die Stimmung ihres Lebens. Infolgedessen wurden »the hinking sinking ladies« für alle Zukunft die gemeinsame Lieblingsband von Mutter und Tochter. Danach wärmten sie sich zufrieden die Hände am Glas des hellflammenden Bioethanolfeuers eines Restaurants und hockten sich, gesellig kleckernd, auf einen Bordstein zwischen all die wandelnden Beine. Denn dort teilten sie sich, von einem der letzten Stände vor der Straßenbahnhaltestelle, den Bratapfel mit Schokofüllung und ganz besonders viel Schokosoße.

Das Gesicht tanzte derweil in ihrem Hirn. Das Gesicht gab allem einen doppelten Sinn, ob Apfel, Feuer oder Soße. Das Gesicht fuhr in der Bahn mit. Das Gesicht kam mit nach Hause. Das Gesicht hatte ihr Kärtchen. Das Gesicht kannte also ihren Namen und die Webadresse. Inklusive Link zu ihrer Email. Wenn er wollte, konnte er sie finden. Ohne Mühe, mit wenigen Klicks. Würde er das wollen? Er würde. Aber wann? Wenn sein Leben es zuließ. Und das könnte auch in hundert Jahren sein. Oder nie.

Tomke rief.

Maria schloss mal wieder seufzend das Email-Programm. Einen Gedanken zu Ende denken war ihr selten vergönnt, die übliche Unterbrechung klang so: »Mama?«

»Ja?«, öffnete die Gerufene vorsichtig die Kinderzimmertür, falls es ein Ruf im Schlaf gewesen war. Tomke lag noch wach im Dunkeln, das grüne Licht kreiste am Arm über dem Bett: »Ich hab eine Frage.«

»Ja, was?«

»Eine wichtige Frage.«

»Jaaa, welche?«, erwartete die Mutter Kaninchen oder Papagei und legte bereits tröstend ablehnende Worte zurecht.

»Ich weiß nicht … nee.«

»Was nee?«

»Ach egal.«

»Tomke, ist es nun wichtig oder egal?«

Über dem Bett stand das grüne Licht still, während das Mädchen überlegte: »Hmmmmmm.«

»Nun frag schon, oder schlaf. Ich will auch irgendwann mal ins Bett.«

»Frag ich lieber doch nicht.«

»Na, dann vielleicht morgen. Gute Nacht«, wollte Maria die Tür zuziehen.

»Warte, Mama!«, winkte der Leuchtarm sie zurück.

»Was denn noch?«

Tomke schwieg und atmete schwer. Sie drehte sich im Bett zur Wand, dann zurück zur Mutter, setzte sich auf, zupfte die Decke zurecht, rieb an ihrer Nase, kratzte sich im Nacken und flüsterte endlich die anscheinend alles entscheidende Frage: »Glaubst du an den Weihnachtsmarktmann?«

Maria sah auf Anhieb flammende Augen, feine Lippen, den schrecklichen Untergang in der Menschenmasse und eine bleibende Hoffnung für hundert Jahre. Sie antwortete ehrlich aus tiefster Seele: »Ja.«

Tomke drehte ihre grüne Erleuchtung am Handgelenk herum: »Ich nicht. So ein unfreundlicher, verkleideter Typ. Aber der Engel war echt. Glaub ich. Mit den Lichtern.«

Maria kochte innerlich schlagartig hoch, was meist alles durcheinander würfelte. Insbesondere, weil sie alles nur noch auf ein Gesicht bezog. Wie konnte dieses Kind ihren Traumkerl so beleidigen! Und ihn gleichzeitig für einen Engel halten? Das war doch total unlogisch. Nur absichtliche Provokation! Sie schnappte nach Luft und musste sich schwer beherrschen, nicht ausfallend zu werden. Oder die Tür zuzuknallen.

Nur langsam dämmerte der Mutter, dass *ihr* Weihnachtsmarktmann nicht Tomkes Weihnachtsmarktmann war, und dass Tomkes Engel ebensowenig Marias Engel, alias Marias Weihnachtsmarktmann war. *Klar. Weil Kinder ganz andere Bilder im Kopf haben als Erwachsene. Noch viel, viel mehr anders, als andere Bilder bei anderen Erwachsenen. Kindisch eben*, beruhigte sich Maria, ohne zu merken, wie ähnlich ihre Träume eigentlich waren. Sie hatten nur andere Gesichter dafür. Eines der Gesichter trug einen weißen Bart, aber ist das kindisch?

◆

Ratlos strich der Alte sich über den flatternden Bart. Der Nachtwind pfiff zwischen den verriegelten und verrammelten Holzhütten durch, an einer Fackel glomm noch ein Rest von Glut, ein letztes Zeichen von den Feuern, die hier an der Schlachte heute brannten. Er hatte vergeblich alles abgesucht. In den menschenleeren Gängen und unter den Sitzgelegenheiten war jede Menge Müll zu finden gewesen, ab und an auch ein verlorenes Spielzeug. Aber kein Hase. Schon gar keiner in grünkarierter Latzhose.

Er hockte sich mit hochgezogenen Knien auf eine Stufe mit der Piratenpuppe und lehnte verzweifelt seinen Kopf an deren Schulter. Welcher Teufel hatte ihn nur geritten. Ein wehrloses

Tier auszusetzen, es einem ungewissen, höchstwahrscheinlich grausamen Schicksal zu überlassen. Diese Schuld würde ihn lebenslänglich verfolgen – was beim Weihnachtsmann bekanntlich ziemlich lange ist.

◆

»Ja, vielleicht war er echt. Wer weiß schon, was überhaupt echt ist. Aber jetzt ist echt Schluss, gute Nacht, Tomke.«

»Aber Mama, ich …«

»Nein. Alles weitere Morgen. Gute Nacht«, zog die Mutter konsequent die Kinderzimmertür zu und zwang sich, nicht sofort wieder ihre Emails zu checken. *Morgen. Gleiches Recht für alle. Ein Gesicht löscht sich nicht über Nacht.* Sie tänzelte in die Küche, summte beim Abwasch ein maritimes Lied ihrer neuen Lieblingsband und freute sich auf die vage Möglichkeit einer Nachricht wie auf Weihnachten und Ostern zugleich.

Der Stoffhase lag mit schlaffen Gliedern oben auf einem offenen Sack voller Plüschtiere. Von rechts starrten ihn eine Gummischlange und tote Teddybäraugen an, links verdeckte eine ausrangierte Weihnachtszipfelmütze unzählige weitere Stoffartgenossen. Das machte gar nichts, er war am Zielort. *Der Weihnachtsmann ist ein prima Taxi in die Zukunft*, dachte der Hase und lauschte mit einem erhobenen Löffel dem Atem des schlafenden Kindes. Er lächelte zufrieden. Seine Zeit würde kommen. Bald.

◆

Hiermit wünsche ich Ihnen immer warme Hände, ein Herz für gebrauchte Geschenke und Tiere, Scharfblick sowie Nachsicht für die Gesichter und Träume der Kleinen wie Großen und: Frohe Weihnachten!

Osterhasenplage

Jedes Jahr die gleiche Leier.
Barfuß hüpft er durch die Steine,
bringt die farbenfrohen Eier
zu den Kindern, ganz alleine.

Wär er auch schneller als der Wind,
das ist ein hartes Los,
es weiß doch wirklich jedes Kind:
Die Welt ist viel zu groß!

Der Hase grinst: »Du glaubst es nicht?«
Dann schau doch nach, im Gras.
Beim ersten Ostermorgenlicht
entdeckt dort jeder was.

Tatsächlich! Es gibt Ei und Nest,
die Beweise sind gefunden.
Wie kommt er überall zum Fest
und ist danach verschwunden?

Aus Regentropfen ist der Regen,
so könnt' des Hasen Lösung sein:
Er ist ein reicher Hasensegen,
das Gegenteil von allein.

Drum hoppeln abertausend Hasen
als ›einzig Wahrer‹ durch das Land.
Sieht wer den Osterhasen rasen,
wird der natürlich gleich erkannt.

Einmal im Jahr sind Hasenplagen
ein gern geseh'ner Traum.
Der Hase selber würde sagen:
»Familie ist mein Lebensraum.«

Es gibt doch viel zu viel Beweise,
er kann gar nicht alleine sein,
alle helfen ihm, ganz leise,
und Mutter mischt sich auch noch ein:

»Mein Kind, die Eier bringt der Hase,
vom Huhn, zu dir, in schnellem Lauf.
Pflückst du mir Butterblumen für die Vase?
Dann leg ich Schoko oben drauf!«

◆ ◆ ◆

Glaubensflamme des Osterfeuers

Magische Elternrealität 4

Glaubensflamme des Osterfeuers

Was machen all die Menschen mit Stöcken am Strand?, ärgerte sich ein junger Feldhase. Geduckt in die Büsche an der Weser, setzte er sein Körbchen ab. Hinter ihm wechselte die vollbesetzte Fahrradfähre das Ufer, neben ihm genossen Café-Gäste den lauen Frühlingstag an Biertischen, vor ihm stapften emsige Leute mit Holzteilen, Ästen, Brettern und Latten durch den Sand. Er dankte seinen schnellen Beinchen, die ihn in dieses Versteck retteten, aber in welche Richtung sollte es nun weitergehen?

◆

Die Weihnachtsmann-Zipfelmütze flog in hohem Bogen durchs Kinderzimmer und landete auf den Hausaufgaben. Erschrocken sah Tomke vom Schreibtisch hoch und zum Stofftiersack herüber. *Aus der Richtung war das Ding doch gekommen?* Tote Teddybärenaugen hielten ihrem Blick stand, die Gummischlange lag seit Wochen oder Monaten unverändert um die Mähne des Löwen geringelt, obendrauf grinste der Hase mit der grünkarierten Latzhose reglos. Das Kind erinnerte sich schuldbewusst an den weihnachtlichen Haustierwunsch: »Warum grinst du? Ich habe mich doch gar nicht um dich gekümmert!«

Der Hase schwieg.

»Hast du die Zipfelmütze geworfen? Ich weiß ja, du bist vom Weihnachtsmann. Er hat dich mir anvertraut und ich hab dich vergessen.« Tomke fixierte den Stoffhasen, doch keine Pfote zuckte. Dafür zuckten ihre Schultern: »Jetzt bist du sicher gestorben und redest nicht mehr mit mir?« Nahende Tränen belegten ihr Stimmchen.

Der Hase presste die Nagezähne auf die Unterlippe: *Ein wenig Strafe muss sein.*

»Bitte. Kannst du nicht auferstehen? Du bist doch ein Hase. Mama sagt, ein Sinnbild von Leben und Wiedergeburt, früher, wie nannte sie das noch, Antike? Antik bist du doch auch?«

Dem Hasen quoll etwas Wolle unter den Zähnen hervor, vor Anspannung biss er sich selbst wohl zu hart. Das Flehen der Kleinen war auch wirklich hasenherzerweichend: »Bitte bitte, sei nicht tot. Sei wieder lebend!«

Da hielt er es nicht mehr aus: »Alles gut. Hier bin ich. Die Zeit war nicht reif.«

»Jaaaaa!« Tomke sprang auf und umrundete trittsicher allerlei auf dem Boden verstreutes Spielzeug, als hätte sie einen inneren Straßenplan, in dem die wenigen freien Teppichstellen skizziert waren. Sie riss den Hasen so heftig an ihre Brust, dass Teddy und Schlange unbeachtet aus dem Sack purzelten.

»Lieber, lieber Lieblingshase, bist du mir auch wirklich nicht böse?«

»Nö. Ich weiß doch wie Kinder sind, da könnte ich erzählen …«

»Au ja, mach das bitte!«, forderte sie noch ahnungslos, was er alles erzählen würde.

◆

Die Mutter ging an der Kinderzimmertür vorbei, hörte dahinter Tomkes frohe Aufforderung und lächelte über die scheinbaren Selbstgespräche. Ebenso ging sie am Laptop vorbei und lächelte das Gerät kurz an, ohne es aufzuklappen. Endlich gelang ihr dies. Kein zwanghaftes abrufen von E-Mails mehr, in der ständig enttäuschten Hoffnung auf eine Nachricht des Traummannes vom Weihnachtsmarkt. Maria wollte lieber glauben statt wissen: Die Möglichkeit einer E-Mail, die dort auf sie warten *könnte*, machte sie froh. Das war viel schöner als ständig festzustellen, dass nichts auf sie wartete. Von daher war sie derzeit digital etwas schlecht erreichbar. Sie ging in die

Küche und lächelte jede einzelne Kartoffel an, bevor sie diese schälte. Ein zweites Lächeln bekam jeder entblößte Erdapfel, wenn er lustig Wasser spritzend in den Topf plumpste.

Trotz ihres biblischen Vornamens hatte Maria mit der Kirche nichts am Hut, aber die Tradition des Osterlachens fand sie trotzdem wunderbar. Ob dieses heute noch in den Predigten angeregt oder gefördert wurde, wusste und interessierte sie nicht. Es ging ihr auch nicht um eine Auferstehung von vor über zweitausend Jahren, sondern eher um ihre eigene Auferstehung aus so mancher Winterdepression. Sie war fest entschlossen, über die gesamte Osterzeit viel zu lachen, ständig zu lächeln und sich von nichts erschüttern zu lassen. *Ein großes, vermutlich unmögliches Vorhaben im Alltag einer Alleinerziehenden*, wollte der Realitätssinn ihre Freude dämpfen, aber diese Ahnung verdrängte sie schnell. Stattdessen plante sie: *Beim Essen werde ich Tomke vom Osterlachen erzählen, das ist ansteckend.*

◆

»Was könntest du erzählen?«, hakte Tomke nach, da der Hase nach mindestens zwei Sekunden immer noch nicht geantwortet hatte.

»Von den Kindern«, kündigte er geheimnisvoll an.

»Den Kindern, denen du die Eier bringst?«

»Den Kindern meiner Familie.«

Erstaunt hielt das Mädchen ihn mit ausgestreckten Armen sich selbst gegenüber: »Du hast eine Familie? Osterhasenfamilie?«

»Nein, Menschenfamilie. Du gehörst auch dazu. Darum bin ich doch hier.«

»Ich? Aber eine Hasenmama und einen Hasenpapa hast du doch auch?«

»Nö. Meine Mama war eine Nähmaschine und mein Papa

ein Schaf, glaube ich. Zumindest wurde seine Wolle in mich gestopft, gilt das als Zeugung?«

»Nein. Papas haben einen Penis dafür. Das weiß ich von Sinterklaas«, trumpfte Tomke mit mehr Kenntnis über den Zeugungsvorgang auf, als ihrem Gesprächspartner lieb war, und sie pikste ihn dabei auch noch provozierend unterhalb des Bauches.

Der Hase schaute irritiert: »Du meinst sicher von Klaas Klapperstorch?«

»Nee. Als der Storch noch die Eier brachte, war der Osterhase noch nicht erfunden.«

»Oberosterhase sei Dank. Dann war ich noch nicht da und muss diese Dinge nicht im Detail wissen«, atmete der Hase auf. »Wer ist Sinterklaas?«

»Den kennst du nicht? Du kennst den Weihnachtsmann persönlich, aber nicht den holländischen Nikolaus? Ich dachte, ihr kennt euch alle?« Tomkes Vorstellung einer vereinten, himmlischen Gabenbringer-Welt geriet etwas durcheinander.

»Jaaaa – nö. Ehrlich gesagt, kenne ich den Weihnachtsmann nicht wirklich. Hab jedenfalls nicht mit ihm geredet, das hätte ihn sicher vollends aufgeregt. War ja nicht so sein Tag, als wir uns trafen.«

Sie setzte den Hasen auf den Schreibtisch und sich selbst davor auf ihren Stuhl, hier war Klärungsbedarf: »Aber er hat dich doch zu mir gebracht?«

»Jaaaa – nicht ganz freiwillig.« Er räusperte sich. »Nennen wir es … Vorsehung?«

Tomke sah dem plaudernden Stofftier scharf in die Glasperlenaugen, ihm wurde ganz unbehaglich: *Ja, Vorsehung klang etwas dick aufgetragen. Warum wollen Kinder immer alles so genau wissen?* Kurz hielt er dem kritischen Blick noch stand, dann gab er zu: »Nun gut. Genaugenommen habe ich ihn ein wenig ausgenutzt. Seine Gutmütigkeit. Und ihn ein wenig gereizt …«

»Und dann?« Das Mädchen verschränkte die Arme und

hörte nicht auf, das arme Häschen anzufunkeln. Dieses wünschte sich nun Augenlider, um sie vor Tomke verschließen zu können, aber die sind bekanntlich weder Oster- oder Stoff- noch Feldhasen vergönnt. Da blieb nur Verteidigung: »Das war ich aber nicht allein! Die Kinder haben mitgeholfen. Die haben ihn noch mehr aufgeregt!«

Zu seinem Verblüffen prustete und kicherte die eben noch so kritische Tomke laut heraus.

»Was ist daran komisch?«

Die Kleine ruderte mit den Armen, japste nach Luft, stand auf, trat eine Playmobilfigur kaputt, zeigte immer wieder auf den Hasen und kugelte sich schließlich vor Lachen über Bücher, Stifte und Ausmalbilder auf dem bunten Kinderzimmerteppich.

Reflexartig ruderte das Langohr ebenso mit seinen Löffeln und hüpfte dadurch auf dem Schreibtisch auf und ab, wie ein kaputter Helikopter mit Startproblemen. Ein zudem kichernder Helikopter, denn Lachen ist ansteckend. Dann wollte er aber doch wissen, worüber eigentlich: »Hallo? Osterhase an Erdmädchen? Was ist so lustig?«

»Weihnachtsmann! … Kinder! …«, gluckste Tomke.

»Wie?«

»*Der* Weihnachtsmann. Genervt. Von Kindern!? Du tickst wohl nicht richtig!«

»Wieso? Jeder hat mal einen schlechten Tag.«

»Nee. Der nicht. Du kennst ihn echt nicht!« Tomke drehte verlegen eine Haarsträhne um ihren Finger, weil ihr plötzlich einfiel, dass sie gar nicht mehr an den Weihnachtsmann glaubte. Von Kennen ganz zu schweigen. Na, das ging den Osterhasen nichts an, zumindest nicht so genau, denn so genau konnte sie es auch nicht wissen. »Also, wenn es den Weihnachtsmann *doch* geben sollte, und wenn den auch nur *ein* Kind ärgern könnte, dann wäre das, das wäre dann ja, das wäre wie … wie … wie ein Osterhase mit Eier – Allergie!«

»Ich mag Eier tatsächlich nicht besonders«, gab der Hase zu.

Tomke knabberte ausgiebig an ihrem Fingernagel, vom Zuschauen wurde dem Hasen immer mulmiger. Zaghaft fragte er nach: »Ist das schlimm?«

Zum Glück fiel ihr Entschluss zu seinen Gunsten aus: »Nö. Vielleicht ist das sogar sicherer. Du sollst die ja nicht essen, nur bringen.«

»Ja.«

»Bist du richtig allergisch gegen Eier?«, näherte Tomke sich dem nächsten Lachanfall.

»Neeeee, allergisch bin ich nun nicht gerade. Dann müsste ich ja mit Handschuhen arbeiten«, kicherte der Osterhase. »Ich esse nur nicht so gerne anderer Leute Babys. Aber über Allergien heutzutage, da könnte ich …«

»Eins nach dem anderen«, unterbrach ihn das Mädchen, »und die Kinder zuerst.«

◆

Die Mutter stellte den Kartoffeltopf auf den Herd und kratzte sich ausgiebig zwischen den Fingern. *Seltsam, es gab doch keine Allergien in der Familie? Ich habe sicher nur zu viel im Kartoffelwasser gespielt,* beruhigte Maria sich selbst. Sie ging ins Bad, suchte eine Handcreme und fluchte, bis sie die Tube fand. Erst beim genussvollen Cremen erinnerte sie sich an ihren Vorsatz bezüglich des Osterlachens. *Nicht fluchen*, ermahnte sie ihr Spiegelbild, *überlege lieber positiv, wie du deiner Tochter hilfst, ihre Feuerangst zu überwinden.* Manchmal mussten sogar Kerzen gelöscht werden, wenn sie etwas flackerten, das war nun wirklich albern. Vielleicht halfen größere Dimensionen, diese Furcht zu relativieren? *Außerdem will ich dieses Jahr nicht nochmal auf das Osterfeuer verzichten*, bekräftigte Maria ihren Vorsatz, derweil sie ihre Finger energisch massierte. Da sie dazu neigte, Termine zu verpassen, hatte sie bereits vor Wochen frühzeitig recherchiert: ›Osterfeuer werden traditionell am Ostermontag entzündet‹, sagte die erste Webseite zu Beginn ihrer Nachforschungen. Die nächste bestand auf Ostersonntag. Die übernächste schwenkte zurück zum Ostermontag, die vierte befand den Karsamstag als einzig richtiges Datum.

»Na toll«, grummelte Maria. Rund zehn Webseiten und einige Ostergeschichten weiter, die eigentlich nicht Sinn der Suche aber sehr unterhaltsam waren, wurde ihr zumindest die regionale Unterschiedlichkeit des Tages klar. Samstag, Sonntag oder Montag, jeder Ort hatte sein festes Datum für Osterfeuer, in seltenen Fällen auch Feuerräder. Überregional betrachtet, brannte also das ganze Land drei Tage lang. Ihre persönliche Fragestellung löste das aber nicht. Endlich kam sie auf die glorreiche Idee, die Stichwortsuche mit dem Stadtnamen zu koppeln und siehe da, wer suchet der findet, sofern er weiß wie – sofort erschien ein Foto vom ›Café Sand‹ auf dem Bildschirm, inklusive der bremisch traditionellen Termininformation: Ostersamstag. Nun bemühte sie nur noch fünf weitere Webseiten und den virtuellen Schulferien-Kalender um herauszufinden, ob es einen Unterschied zwischen *Kar*samstag und *Oster*samstag gab. Aha, anscheinend war der gleiche Tag gemeint. *So viele Samstage gibt es auch nicht rund um Ostersonntag*, schalt sie sich selbst eine Blitzbirne angesichts ihrer allgemeinen Verunsicherung.

Termin und Ort waren ihr also bereits wochenlang bekannt, doch seit dieser Recherche plagte sie die Frage: »Wie sag ich es meiner Tochter?«

Maria schraubte die Creme zu und kratzte sich wieder.

◆

Ich hätte auf den alten Hasen hören und ihn auf dem längeren Heimweg über die Brücke begleiten sollen, bereute der Feldhase seinen jugendlichen Leichtsinn. Er kratzte sich hinter den Löffeln. Die vielen Menschen verunsicherten ihn mehr als allgemein: Er hatte Angst. Richtige Angst. Man sollte bei seiner Familie bleiben. Sehnsüchtig schielte er unter den Blättern durch, auf den Fluss. Nach dem Eierholen am weit entfernten Hühnerstall war er hier zwar fast zu Hause, er konnte das Schnoor-Viertel beinahe riechen. Doch dazwischen lag das Wasser. Mit solch emsigem Betrieb am Ufer hatte er nicht gerechnet. Wie könnte er sich jetzt auf die Fähre mogeln?

◆

»Was meintest du damit, als du meintest, ich würde zu deiner Familie gehören?«, erinnerte Tomke den Hasen ans Ausgangsthema.

»Ein gutes Plüschtier bleibt immer in seiner Familie.«

»Warum wolltest du dann zu mir? Was hab ich mit mir zu tun, äh, mit *dir* zu tun?«

Der Hase tippte im Takt seiner Worte auf die Schreibtischplatte: »Deine Mama ist die Tochter von der Tochter von der Schwester vom Vater meines ersten Kindes.«

»Du hast Kinder?«

»Nee! Mein erstes Kind ist jenes, das mich zu Weihnachten bekam.«

»Du meinst das Kind vom Vater von der Schwester … kapier ich nicht. Wann war das?«

»Als ich funkelnagelneu gestopft und genäht war. Was für ein Fest! Was für eine Freude!«, er schielte zum überquellenden Stofftiersack: »Ich war sein Ein und Alles. Er trug mich überall hin und ich durfte sogar mit seinem heiligen Automobil fahren.«

»Auto? Ein Kind hatte ein Auto?«

»Ein Modellauto. Wohl eines der ersten Modelle von dieser brandneuen Erfindung, das hatte sein Vater ihm geschnitzt. Er hatte das Auto und mich. Da setzte er mich oben drauf, jeden Tag. Brumm, Brumm«, neigte der Hase seinen Oberkörper hin und her, wie ein Autofahrer in scharfen Kurven.

»Du warst sein Lieblingsspielzeug?«

»Kunststück, sonst gab es ja nichts.«

»Sonst nix???« Tomke schob mit dem Fuß ein paar Legosteine und Matchboxautos unter den Schreibtisch, als müsste sie etwas verstecken, was das Chaos im Zimmer nicht merklich veränderte.

»Doch! Die ganze Welt! Voller Stöcke, Steine, Kastanien, Wasser und Feuer, Lehm, Insekten …« Der Hase schüttelte sich, Insekten waren nicht sein Liebstes.

»Ich darf keine Marienkäfer oder Spinnen mit reinnehmen«, bedauerte Tomke.

»Jaaa, früher war nicht alles besser«, freute sich der Hase, während das Mädchen überlegte, ob ein Mann im Haus doch Vorteile hätte: »Hat der Vater das erlaubt? Was war der jetzt von mir, ein Ur-Opa, oder anderes?«

»Na ja …«, beschloss der Hase den ersten Teil der Frage zu übergehen: »Der Vater meines Kindes war der Bruder von der Mutter von der Mutter deiner Mutter.«

»Bisschen viele Mütter. Kannst du mir das aufmalen, wer mit wem verwandt ist?«

Der Hase hielt betreten seine runde Pfote hoch und drehte sie ein wenig hin und her.

»Oh, entschuldige. Du kannst nicht malen. Du hast ja keine Finger«, begriff Tomke.

»Vielleicht sooo«, strich sich die Hasenpfote über die Stirn: »Er war der Bruder deiner Uroma.«

»Dann war dein Kind – so eine Art Opa von mir, nur nicht direkt?«, zählte Tomke die Generationen an ihren Fingern ab, doch urplötzlich schoss ihr die Wut ins Gesicht: »Du bist ein Lügner!«

»Was??? Warum sollte ich?«

»Du bist gar nicht der echte Osterhase! Du kannst gar nicht malen!«

»Ach, *das* meinst du. Man muss nicht alles selbst können, wenn man Freunde und Beziehungen hat«, lächelte der Hase.

Tomke musterte ihn von oben bis unten, was bei einem kleinen Hasen ohne Kopfbewegung geht. *Osterhasenlächeln ist ansteckend*, merkte sie, auch wenn seine Existenz abermals in Frage stand.

»Mag sein«, legte sich ihre Wut fast so schnell wie sie aufgeflammt war. »Aber zu irgendetwas sollte man schon gut sein. Die Hühner legen die Eier, malen kannst du auch nicht, wozu dann überhaupt ein Osterhase?«

»Verstecken ist Arbeit genug.«

»Verstecken ist doch keine Arbeit! Das macht Spaß! Such mich doch …«, duckte Tomke sich hinter den Schreibtisch.

◆

Ob der alte Hase mich inzwischen sucht?, hoffte sowie fürchtete der kleine Feldhase zugleich: *Wenn er es bloß nicht dem Oberosterhasen meldet.* Das wäre das Ende seiner jungen Karriere. Obwohl er momentan wohl wichtigere Sorgen als seine berufliche Zukunft hatte. Er kauerte sich noch tiefer unter den Busch und lauschte dem Dröhnen des Motors der nahenden Fähre. Als die stählerne Klappe hinter ihm auf der Betonrampe aufschlug, zuckte er zusammen und musste sich schwer beherrschen, nicht panisch aus seinem Versteck zu rennen. Wenn nur die Menschen ihn hier nicht fanden. Das wäre das Ende von allem.

◆

Wo ist dieser blöde Kochlöffel? Maria knallte den Deckel unverrichteter Dinge auf den Topf, hektisch schwenkte ihr Blick über die Küchenablagen, dann über den Boden, selbst unter den Herd war er nicht gefallen. *Löffel suchen, Creme suchen, Osterfeuer suchen, Sinn suchen*, was sollte sie noch alles suchen? *Ach ja, Osterlachen.* Aber so ein verdammter Kochlöffel, der sich einfach in Luft auflöste, konnte einem die Laune schon vermiesen. *Das versteht doch wohl jeder.* Sie hatte ja sonst nichts zu tun, nur suchen, suchen, suchen. Was bei all der alltäglichen Sucherei noch lustig an Ostereiersuchen sein sollte, erschloss sich ihr aktuell gerade nicht mehr. Aus dem Kinderzimmer vernahm sie immer noch Selbstgespräche, nun schien Tomke mit sich selbst Verstecken zu spielen. *Wie schön, wenn Kinder größer werden und sich auch mal alleine beschäftigen.* Na bitte, das war doch toll. Da fand sie einen Grund zum Osterlachen. Geht doch. Ganz kurz zumindest: Sie zuckte zusammen. Ein dramatisches Zischen mahnte, über dem Lachen kein Feuer zu vernachlässigen, nicht mal elektrisches unter dem Ceranfeld: Das Kartoffelwasser kochte über. Maria fluchte.

◆

Der Hase guckte über die Tischplatte zu Tomke herab: »Wenn ich die Eier so einfach und sichtbar verstecken würde wie du dich, wärst du ganz schön schnell ausgesucht.«

»Ja klar, du hast mich doch als dein Kind ausgesucht?«

»Wärst du schnell fertig mit Eiersuchen, meinte ich.«

Sie tauchte wieder auf: »So ganz verstehe ich dich nicht. Du bist der Osterhase, der allen Kindern Eier bringt, bist aber gleichzeitig ein Stoffhase meiner Familie, der mit mir spielt und über alte Zeiten plaudert, wie machst du das alles?«

»So ganz verstehe ich mich auch nicht«, murmelte der Hase. »Wenn ihr Kinder es nicht versteht, versteht es keiner.«

»Muss *ich* dich besser verstehen als du dich selbst?«

»Auf jeden Fall besser als die Erwachsenen. Die oft glauben, sie verstehen dich besser als du dich, dabei verstehst du mich besser als ich mich.«

Das mochte für Eltern dadaistisch klingen, für Tomke war es absolut einleuchtend: »Ja. Meine Mama glaubt nicht einmal, dass Stofftiere reden können.«

»Klar. Darum würde ich auch *nie* mit deiner Mama reden«, feixte der Hase.

»Oder glaubt sie es nur nicht, *weil* du nicht mit ihr redest?«

»Die Welt verhält sich immer ein wenig so, wie wir an sie glauben.«

Er reckte stolz seine Brust heraus, hob weise die Augenbrauen und versuchte überhaupt, bei diesem Satz sehr würdevoll auszusehen, was für einen schmuddeliges Knuddeltier in grün karierte Latzhose ziemlich unmöglich ist.

Tomke grinste von oben auf ihn herab, zupfte sein Höschen zurecht, dachte nach und fragte dann: »Also wenn meine Mama an den Osterhasen glauben würde, würdest du dann aber als Osterhase mit ihr reden und dann würde sie nebenbei auch glauben, dass Stofftiere nicht stumm sind?«

»Du machst es jetzt irgendwie komplizierter als es ist«, grummelte er und gab die sinnlos stolze Haltung wieder auf. »Je weniger du nachdenkst, umso leichter ist das Glauben.«

»Ich kann also nur mit dir reden, weil ich nicht genug nachdenke? Denkst du das? Dass ich nicht denken kann?«, empörte sich Tomke.

»Ach menno. Frag doch den Weihnachtsmann.«

»Der ist gerade nicht da. Und wenn ich ihn sah, war er immer zu beschäftigt.«

»Jetzt hat er frei. Und ich hätte gute Lust, ihn als Taxi zurückzurufen, wenn du mir nix glaubst und jedes Wort auf die Goldwaage legst«, maulte der Hase.

»Zurück wohin?«

»Gute Frage.«

»Wo kamst du denn mit ihm her?«

»Australien.«

»Australien?!?«

»Australien.«

»Was hast du am anderen Ende der Welt gemacht? Gibt es da auch Osterhasen?«

»Das Osterbilby ist beliebter.«

»Was ist ein Bilby?«

»Ein blödes Vieh!«

Da war er schon wieder, dieser unerträglich strafende Kinderblick, als Hase musste man wirklich aufpassen was man sagte: »Jaaaa – nö, entschuldige, das kann dafür wohl auch nix. Aber zumindest wollen sie das promoten, weil es mir ähnlich, aber besser für die Umwelt ist.«

»Warum bist du nicht dort geblieben? Ist doch ein tolles Land?«

»Die Australier mochten mich gar nicht, wir Hasen machen da angeblich alles kaputt. Da fühlte ich mich wie ein ungewünschter Flüchtling!« Der Hase drehte bei dieser Erinnerung richtig auf: »Also wirklich. Doch. Genau so. Immer wenn Kinder Hasen mögen, werden sie mit Gewalt umgepolt. Die machen regelrecht Hetzjagd auf uns! Und dann Bilby hier, Bilby da, Bilby überall und dazu noch die anderen Beutelviecher. Spätestens wenn du das erste Känguru mit bunten Eiern im Beutel hast hüpfen sehen, willst du nur noch nach Hause! Die Viecher sind so blöd, die wollen sogar gegen den Osterhasen boxen. Was kommt dabei heraus?«

Er boxte Tomke auffordernd in den Bauch. Sie wunderte sich, wie viel das Stofftier quasseln konnte und hob unschuldig die Hände: »Sag du!«

»Ein Rühreierbeutel und mein Nest auch kaputt! Da hatte

ich echt die Löffel voll. Aber hast du schon mal versucht, als Stoffhase ein Ticket bei Lufthansa zu kriegen?«

»Ist die Frage jetzt ernst gemeint?«

»Ja. Weil: Die Tanten da, die sehen dich nicht mal am Schalter. Und wenn doch, landest du gleich bei den Fundsachen. Ich hab alles probiert.«

Der Hase schwieg, um seine Worte wirken zu lassen. Tomke sah ihn förmlich vor sich, zwischen bergeweise Regenschirmen, Handschuhen und Koffern liegend, vergessen und verlassen. Ihr armes Häschen! Dagegen waren die paar Monate auf ihrem Stofftiersack wohl erträglich gewesen, hoffte sie. Doch über die Dauer seines Aufenthalts wurde sie eines Besseren belehrt, denn er fuhr fort: »Auf die Art lernte ich noch zwei australische Kinder kennen, die mich aus den Fundsachen klauten. Nacheinander. Die eigentlich jeweils ihren verlorengegangenen Koffer suchten, aber als sie mich sahen, behaupteten, ich sei wohl herausgefallen! Kaum hatte ich mich beim Ersten davongeschlichen und es erneut bis zum Flughafen geschafft, landete ich wie gehabt im Fundus und es kam das Nächste. Das auch einfach sagte, ich gehöre ihm! Zweimal passierte das! Zweimal die gleiche Schwindelei, Kinder sind unschuldig, hä? Ist das unschuldig? Ist das ehrlich? Was ich in diesen beiden Familien erlebte, ich kann dir sagen – nee. Lieber nicht mehr daran denken. Zu guter Letzt kam der rettende Advent, und ein Stern leuchtete am Himmel, also viele Sterne, das ist in Australien ja normal, aber einer war heller und kam herangekrochen.«

»Gekrochen?«

»Ja, gekrochen.«

»Kriechende Sterne?«

»Na ja, aus der Nähe betrachtet war es dann natürlich kein Stern, was da gekrochen kam, sondern der Weihnachtsmann. Rudolf fliegt bekanntlich nicht gerade wie ein geölter Blitz. Aber die fette Karre ist schon genial geschmückt, muss ich dem

Alten lassen. So ein Berg Lichterketten, da verblassen selbst die australischen Sterne. Und das war die Lösung.«

Tomke wollte zwischendurch etwas anderes lösen und rannte aus dem Zimmer.

◆

Ein Junge schleifte ein großes Brett am Versteck des Feldhasen vorüber und warf es ein Stück entfernt auf einen großen Holzhaufen. Das war also die Lösung. Dort landeten all die Stöcke! Dass Menschen wie besessen Eier einsammelten, wusste jedes Osterhasenkind, aber Reisig, Stöcke und Holzteile? Ob sie das auch essen würden? Wohl eher nicht. Nun ja, die transportierten auch sonst alles mögliche auf Straßen, Flüssen, Schienen und sogar in der Luft hin- und her, vermutlich beobachtete er nur ein weiteres Logistik-Spiel ohne Logik. Es war wohl müßig, einen Sinn dahinter zu suchen. *Menschen sind schon komische Tiere*, mümmelte er amüsiert. Da ihn bisher keiner entdeckte, hatte die Angst sich etwas gelegt.

◆

»Glaubst du an den Osterhasen?«, kam Tomke in die Küche gestürmt und fügte sofort hinzu: »Und wenn ja, würdest du mit ihm reden?«

»Mmmh«, wischte die Mutter den Rest Kartoffelwasser von der knisternden Herdplatte, schob den Topf darauf und fragte, den Deckel noch in der Hand, weise zurück: »Wie viele Osterhasen hast du denn schon gesehen?«

»Genauso wenige wie Weihnachtsmänner«, antwortete Tomke noch ein wenig weiser, als Maria ahnte: *Je einer ist eindeutig wenig, sowie genug.* Aber dann fiel dem Mädchen eine neue Ungereimtheit auf. Wie konnte ihr Osterhase ihre

Eier bringen, als er noch in Australien war? Und die Lufthansa ihn nicht mitnehmen wollte? Hatte sie sich täuschen lassen, war es *zuvor* vielleicht doch die Mutter? Misstrauisch hakte sie nach: »Hast du letztes Jahr, oder war das vorletztes Jahr – egal! Hast *du selbst* die Eier so blöd in den Kühlschrank gestellt, dass die alle herausfielen?«

»Du meinst das kleine Unglück, welches dir die Existenz des Osterhasen bewies, weil du diese bunten Eier beim Einkauf nicht gesehen hattest? Und weil ich ahnungslos die Kühlschranktür öffnete? Folglich der Hase sie darin gelagert haben musste?«, versuchte sie erneut, die Frage zurückzuspielen, statt zu antworten. Denn die einzige korrekte Antwort auf ›hast du das getan‹ wäre ein klares ›ja‹, ergo das Ende aller schönen Illusionen.

»Ja, das meine ich«, erwartete Tomke leider weiterhin eine Erläuterung.

»Jaaa, die …«, intensiv drehte und musterte die Mutter den Topfdeckel, als läge die Ausrede in seinem inneren Rand. Das silberne Metall funkelte, abgesehen von den Stellen mit Bläschen von angeklebter Kartoffelstärke. Würden diese Spuren doch wie Kaffeesatz funktionieren! Nein. Rettende Buchstaben suchte sie vergeblich. Suchen war und blieb zwecklos. Da legte sie den Deckel behutsam auf den Topf, nahm ihr Kind in den Arm und wollte es zum klärenden Gespräch auf den Schoß ziehen. Denn nun gab es wohl keinen Ausweg aus der Realität mehr, sie musste alles zugeben. *Warum jetzt schon*? Sie holte tief Luft.

Doch derweil stand das Kindergehirn nicht still. Eltern sind bei Lösungsfindungen nicht immer notwendig, noch weniger, wenn deren Lösung einem missfallen könnte. Und das war gerade sehr wahrscheinlich. Energisch lachte Tomke auf und wand sich aus ihren Armen: »Ach, lass nur. Es ist eigentlich doch total egal, was früher war. Hauptsache jetzt ist er da!«

Dabei hüpfte sie aus der Küche, der letzte Satz schallte bereits aus dem Kinderzimmer herüber. *Was ist ihr nun wieder durch den Kopf geschossen? Wer ist da?* Maria sah ihrer Tochter fassungslos nach. Wie sollte eine Mutter das auch verstehen, ohne mit dem Osterhasen in grüner Latzhose gesprochen zu haben.

◆

»Woher wusstest du, wo der Weihnachtsmann hin will?«, griff Tomke das Gespräch über Rudolf und Australien nahtlos auf, als hätte sie zwischendurch nicht mit ihrer Mutter an des Hasen Existenz gezweifelt. Ihr kleiner Freund hatte sich nicht vom Schreibtisch gerührt und empfing sie mit überlegenem Blick: »Ein Osterhase weiß alles.«

Tomke setzte sich kopfschüttelnd auf ihren Stuhl.

»Na gut, okay«, erzitterte der Hase von Neuem unter dem kritischen Kinderblick und korrigierte seine Aussage: »Vielleicht habe ich auch auf das Smartphone des Weihnachtsmannes geschielt. Gar nicht so leicht, wie das spiegelt, unter australischer Sonne. Aber in seinem Terminkalender stand etwas vom Bremer Weihnachtsmarkt. Dies erhöhte die Chancen, dich zu finden, natürlich enorm. Also krabbelte ich heimlich auf seinen Schlitten, unter das Spielzeug.«

»Du bist aber mutig!«, staunte Tomke versöhnt.

»Meint du? Die häufigste Todesursache von Stoffhasen sind wütende Kinder, dicht gefolgt von Waschmaschinen. Manchmal auch Autoreifen und ansonsten der Zahn der Zeit. Als natürliches Ende gilt bei uns wohl die Mülltonne. Der Schlitten des Weihnachtsmannes ist dagegen recht harmlos.«

»Der Schlitten vielleicht. Aber damit so durchs Weltall um die halbe Erdkugel zu fliegen?«

»Hallo? Nur weil ich ein Hase bin, muss ich kein Angsthase

sein. Wenn der Weihnachtsmann das verträgt, was kann es dem Osterhasen dann schaden?«

»Da hast du auch wieder recht, entschuldige.«

»Ist in Ordnung. Kinder sollen fragen und … schöööön war es schon. Unsere Erde. Das allerschönste blaue Osterei, das ich je sah. Nur runder. Doch ebenso zerbrechlich.« Versunken sah der Hase in den Garten. Ob er nur das Bild der großen Eiererde vor Augen hatte? Oder ob er sich fragte, wo er dieses Jahr viele kleine blaue Eier verstecken sollte, damit niemand sie zerstören könnte? Eine Botschaft an die Menschen in Form blauer Eier? Ob das die Erde retten würde? Tomke wusste schon einiges von Umweltproblemen und konnte seinen Eiervergleich gut nachvollziehen. Sie folgte seinem Blick auf den alten Baum im Garten und träumte davon, mit dem Hasen ein neues, blaues Ei zu bemalen. So kunstvoll und filigran, wie es noch nie eines gegeben hatte. Ein Weltenei. Um darauf zu leben. Das würden sie in die Luft werfen, es flöge höher und höher, bis in den Weltraum. *Dort wird alles groß.* Dann käme der Weihnachtsmann mit seinem Schlitten, sie nähme den Hasen und ihr liebstes Spielzeug auf den Schoß und sie reisten hinterher, zu ihrer eigenen, bunten, gesunden Eierweltkugel …

»Tomke!«

Mütter rufen immer im bescheuertsten Moment.

◆

»Du bist jetzt groß genug. Wir gehen am Ostersamstag zum Osterfeuer am Osterdeich«, verkündete Maria der herbeigeeilten Tochter.

»Cool!«, rief Tomke, um ihre Mutter zu erfreuen und ihre Angst vor Feuern im Allgemeinen, sowie vor großen Feuern im Besonderen zu verbergen. Was Maria natürlich durchschaute: »Du traust dich jetzt doch endlich?«

»Och …«, sah das Mädchen zu Boden und lenkte ab: »Heißt der Osterdeich wegen dem Osterfeuer so?«

»Neeeee«, lachte Maria. »Der heißt wohl schon länger so, weil er im Osten der Stadt liegt.«

»Dann heißt er *doch* wegen Ostern so! Du hast gesagt, Ostern kommt von der Göttin der Morgenröte, weil die im Osten aufgeht. Folglich über dem Osterdeich. Da fängt Ostern an!«

Wieder einmal staunte Maria, was Kinder alles kreativ kombinieren, nur um Recht zu behalten: »Also wenn du so willst, für die Bremer schon, wenn man das Osterfeuer am Karsamstag als Anfang sehen will. Aber nicht wirklich am Osterdeich, das Feuer ist ja am Strand gegenüber, auf der anderen Seite der Weser. Bestimmt schon seit dreißig Jahren. Wir müssen nur zum Osterdeich, um mit der ›Hal Över‹ zum Café Sand rüberzufahren.«

»Cool!«, meinte Tomke diesmal ehrlich, denn sie liebte die kleine Fahrradfähre, und im Dunkeln wäre das gewiss besonders spannend. *Wenn dann nur das blöde Feuer ausfallen würde …*

Die Mutter sah ihr die Bedenken an der Nasenspitze an und schwärmte: »Die Osterfeuer vertreiben den Winter! Du wirst sehen, wie toll es ist. Wenn der Geruch von Feuer, Stockbrot und anderen Leckereien in der Luft liegt. Es gibt Musik und heiße Getränke. Dabei wachsen und gedeihen die Flammen, daran wärmst du dich in der kühlen Frühlingsnacht. Das musst du endlich erleben.«

»Steht das geschrieben, dass ich das muss?«

»Du meinst, in der Bibel oder so?«

»Ja, oder so.«

»Quatsch! Vorchristliche kultische Frühlingsfeuer sind in der Geschichte nachgewiesen. Das sind eigentlich heidnische Freudenfeuer und ich möchte, dass du dich freust. So einfach ist das, dafür braucht man keine Bibel. Es heißt ja heute noch Ostern, nach der Göttin Ostara und nicht Jesu-Auferstehungs-Party. Und es heißt Osterfeuer, im Grunde also in Gedenken an eine Göttin, nicht Vater-Gottesfeuer. Religionen können sich irren, aber so eine lange Tradition doch nicht.« Den letzten Satz bereute Maria schon während sie ihn sagte, die Quittung der messerscharfen Kinderlogik kam prompt.

»Ist eine Religion keine Tradition?«, stellte Tomke mehr abschließend fest, als zu fragen.

»Bleib doch, Essen ist gleich fertig«, wollte Maria ihre Tochter aufhalten und das zu oberflächlich angedeutete Thema vertiefen, doch die hatte eine dringende, geheime Frage an den Hasen.

◆

Wie auf eine geheime Verabredung leerten sich Strand und Café. Fast alle strömten über die lange Betonschräge der Anlegerampe auf das kleine Boot. Das Häschen knabberte nervös am Rand seines Körbchens: *Verflixt, trotz Dämmerung war es immer noch zu voll, um unauffällig mit hinaufzuhoppeln.* Die letzte Fähre legte ab.

◆

»Wenn wir morgen zum riesengroßen Osterfeuer gehen, dann kommst du doch unauffällig mit und passt auf mich auf?«, wollte Tomke sich vergewissern, denn im Schutz des Osterhasens konnte ihr sicher nichts passieren.

Einzelne Strähnen seines braunen Gesichtsfells verfärbten sich schlagartig weiß: »Bitte, bitte nicht! Ich hasse Feuer!«

Er sah derart erblasst plötzlich sehr alt aus und Tomke ahnte, eine ebenso alte Geschichte würde dahinter stecken. »Warum? Was ist passiert?«

»Turmhohe Flammen, Gase explodierten, Qualm und Staub verdunkelten alles«, wimmerte der Hase. »Da verlor ich mein erstes Kind.«

Wie befremdlich, dass ihr Stofftier immerzu von ›seinem Kind‹ sprach, derweil die Besitzverhältnisse doch andersherum zu sein hatten, also Kinder von ›ihrem Stofftier‹ sprachen. ›Mein Kind‹ war gefälligst Müttern vorbehalten! Auch wenn Tomke mit dieser Besitzregelung nicht immer ganz einverstanden war. Aber sie wusste, wie der Hase es meinte und sein Gemütszustand war denkbar ungeeignet, ihn auf sprachliche Feinheiten oder gar Rangordnungen hinzuweisen. Darum sah sie den Hasen nur mitleidig an. War da eine Träne im Glasauge?

»Es gab keine Eier 1945«, begann der Hase, von ihrem Blick ermuntert. »Ich machte mir noch dumme Sorgen, was ich Ostern stattdessen bemalen und verstecken sollte. Doch Ostern sollte aus anderem Grund ausfallen. Dabei war der Krieg doch fast vorbei, wir hätten es beinahe geschafft. Doch ausgerechnet am Karfreitag kamen die Bomber, das kannten wir zwar schon, aber diesmal waren es besonders viele, von der City bis Bremen Nord. Wir rannten quer durch unseren Stadtteil ›Walle‹ zum Bunker. Der Vater bahnte den sichersten Weg, die Mutter mit dem Kind hinter ihm her. Rauch und Dreck biss in den Lungen, mein Kind presste mich vor den Mund und atmete durch meinen Bauch, andere Menschen nutzten Tücher oder ihren Ärmel. Die Luft voll von glühenden Geschosssplittern und aufgewirbelten Trümmerteilen, die Erde schaukelte nicht nur wie deine Hängematte auf dem Weihnachtsmarkt, sie schien eher zu hüpfen wie ein Känguru, mein Kind hatte Angst, es hatte so eine Angst!«

Das Stoffhäschen bebte in Tomkes Händen, sie strich ihm fortwährend die Ohren flach auf den Kopf, hielt ihn ganz fest und verkniff sich die Bemerkung, er habe damals doch noch gar keine Kängurus gekannt. Er schluckte und sprach weiter:

»Hätten wir nur nicht so dicht am Hafen gewohnt, auf den sie es besonders abgesehen hatten. Wären wir nur ein wenig schneller vom Mittagessen aufgesprungen, als die Sirenen gingen. Wir waren doch fast am Ziel, als die Oberschule für Mädchen an der ›Langen Reihe‹ getroffen wurde. Ich sah das stolze Gebäude zerbersten und dachte, ein Glück, dass wegen dem Krieg schon länger kein Unterricht mehr war. Da stürzte mein Kind und hing schlaff an der Hand der Mutter und rannte nicht mehr. Ich verstand nicht, warum. Sie trug uns beide in den Bunker.«

»Aber der Krieg ist doch ewig her. Bist du schon soooo alt?«, unterbrach ihn Tomke in der Hoffnung, er habe sich das alles nur ausgedacht, wie sie sich auch oft gefährliche Geschichten ausdachte.

»Na hör mal! So alt ist das nicht! Magarethe Steiff hat bereits 1892 ihren ersten Katalog veröffentlicht, da waren auch Hasen drin, von denen es bestimmt noch einzelne gibt.«

»War Magarethe deine Mutter, also die an der Nähmaschine?«

»Nee. Hab ich etwa einen Knopf im Ohr? Ich bin für alte Stofftiere doch noch recht jung«, beharrte der Hase darauf gesehen zu werden, wie er sich fühlte. »Dein Großvater zweiten Grades war mein erstes Kind, wie gesagt.«

»Erzähl endlich weiter!«, beschwerte sich Tomke, als hätte sie ihn nicht selbst daran gehindert. »Was ist mit ihm passiert?«

»Im Bunker war es schummrig, stickig und überfüllt. Die Mutter zog mich aus den kraftlosen Händen meines Kindes, in denen sie mich den restlichen Weg umklammert hatte und stopfte mich in ihre Handtasche. Da war ich ganz froh drüber, wie in Sicherheit. Erst aus den dumpfen Klagen der Eltern und anderen Erwachsenen begriff ich, was geschehen war. Ein Steinbrocken von der Schule hatte mein Kind getroffen. Es war sofort tot.«

»Nein.«

»Doch.«

»Es war ein Stein? Nicht das Feuer?«

»Egal. Seitdem habe ich Angst vor Feuer.«

»Ich hab auch Angst vor Feuer«, stimmte Tomke dem Hasen zu, ließ ihn mit seiner schrecklichen Erinnerung auf dem Schreibtisch sitzen und rannte schon wieder zu ihrer Mutter in die Küche.

◆

»Mama, hatte deine Oma einen Bruder?«

Erstaunt ließ die Mutter den soeben glücklich im Geschirrspüler wiedergefundenen Kochlöffel fallen und fing das Kind auf, als es ihr förmlich auf den Arm sprang: »Ja, wieso?«

»Warum hast du mir nie von ihm erzählt?«

»Ach, traurige Geschichte, warum sollte ich dich mit dem alten Kram belasten. Und es gab ja kaum Kontakt ins hochherrschaftliche Hamburg. Wir waren nur die kleinen Bremer. So sah meine Mutter das zumindest.«

»Hamburg? War er nicht in Bremen?«

»In den letzten Kriegstagen ging er mit seiner Frau nach Hamburg. Wie gesagt, traurige Geschichte, vielleicht wenn du etwas größer bist.«

Später, später, schmollte Tomke. Sie sagte aber nichts, sondern entriss sich dem mütterlichen Arm ebenso schnell, wie sie ihn aufgesucht hatte, und sprintete zurück zum Hasen. Der behandelte sie wenigstens gleichwertig.

»Essen ist auch fertig!«, rief Maria recht sinnlos hinterher. Mangels Antwort machte sie es sich verlassen am Küchentisch gemütlich, überlegte wie viele Kilometer das Kind wohl am Tag zwischen den Zimmern hin und her zurücklegte, und wartete.

◆

Der riesige Holzhaufen lag verlassen da. *Sieht gemütlich aus*, überlegte der kleine Feldhase. Aufgewachsen in der Stadt, träumte er schon lange davon, einmal im Unterholz des Waldes zu übernachten. Dies war noch besser! Denn so tolles und dichtes Gestrüpp beließ die gründliche Forstwirtschaft wohl in keinem deutschen Wald für seinesgleichen. Die Niederlage, doch zurück zur Brücke zu laufen, wollte er sich auch ersparen. In der Frühe würde die Fähre sicher leer sein und dann hätte er morgen etwas zu erzählen! Seine Angst war mit den Menschen vergangen und vergessen.

◆

»In der Handtasche wurde ich dann eine ganze Weile vergessen. Das Bremer Haus der Eltern lag nach diesem verhängnisvollen Nachmittag in Trümmern, Verwandte in Hamburg nahmen sie vorübergehend auf«, erzählte der Hase weiter, sobald Tomke das Kinderzimmer betrat. Als wäre sie nie im schlimmsten Moment weggerannt.

Dankbar nahm sie den Faden auf: »Waren die Verwandten auch mit mir verwandt?«

»Klar! Das war des Vaters Tante mit ihrem Mann, also die Tochter deiner Ur-Ur-Oma!«

»Oh man, ist das kompliziert.«

»Eigentlich gar nicht. Und diese Tante hatte drei Söhne. Kurz nach unserer Ankunft suchte die Mutter ein Taschentuch, aber fand stattdessen mich. Da weinte sie noch mehr, küsste mich fast zu Tode und wollte mich nicht loslassen, doch der älteste Sohn, der stand daneben. Wenn Kinder ein Spielzeug sehen, wollen sie es haben. Das war früher nicht anders als heute. Er bettelte und bettelte – irgendwie schien sein Egoismus sie sogar etwas zu beruhigen. Denn da hat sie tatsächlich kurz gelächelt und mich doch an ihn verschenkt.«

Tomke schluckte, nicht nur aus Mitleid mit jener Mutter, deren Kind im Feuer vom Stein getroffen wurde. Auch aus schlechtem Gewissen. Sie wollte den Hasen dereinst auf dem Weihnachtsmarkt doch ebenso unbedingt haben und hatte ihn einfach mitgenommen. Ohne zu fragen, ob es jemand gab, dem das wehtat. Zum Glück war das nicht so, aber sie nahm sich fest vor, künftig darauf zu achten.

»So kam ich zu Rudolf.«, schloss der Hase.

»Was? Hieß der echt wie das Rentier vom Weihnachtsmann?«, gluckste Tomke.

»Ja, und sein Vater auch. Okay, wegen der tierischen Verwechslungsgefahr nennen wir ihn lieber Rudi, wie seine Freunde es taten.«

Wie hieß eigentlich dein erstes Kind?, lag Tomke auf der Zunge, doch sie schluckte diesen Rückschritt in die Kriegserinnerung herunter und sagte stattdessen: »Meine Mama erzählt mir nicht davon, weil sie meint, ich sei noch zu klein dafür.«

»Hat sie das gesagt?«

»So etwas ähnliches.«

»Kinder sind nie zu klein für eine Geschichte. Es ist nur die Frage, *wie* man sie erzählt.«

»Du erzählst ganz schön offen«, stellte Tomke ansatzweise vorwurfsvoll fest.

»Ich dachte, ein Kind das mehr von der Zeugung weiß als ich, darf auch mehr vom Tod erfahren. Oder ist dir das zu viel?«

»Erzähl mir mehr von dem mit dem Rentier-Namen«, drängte Tomke weg vom Tod zu neueren Zeiten in den alten Geschichten.

»Mit Rudi ging ich durch die Osterfeuerhölle. Alle Jahre wieder, der war regelrecht verrückt danach und ich musste immer mit. Selbst wenn er mich das ganze Jahr vergessen hatte, Ostern war ich wiederkehrend das Lieblingstier.«

»Hatte er noch andere Spieltiere als dich?«

»Natürlich, der Krieg war lange vorbei. Doch jedes Ostern erinnerte er mich daran. Er merkte nicht, welche Scheiterhaufen er und seine Freunde und die anderen Banden für die Tiere errichteten.«

Das ging Tomke zu weit. Sie wollte ihre blöde Feuerangst lieber überwinden, sich in kühler Frühlingsnacht an den Flammen wärmen, wie Mutter beschrieben hatte, und wie alle anderen ausgelassen feiern, mit Pommes und Musik. Dabei waren die Worte des Hasen nicht wirklich hilfreich. Darum übernahm sie nun doch die Verteidigung der Tradition: »Osterfeuer sind Freudenfeuer. Keine Scheiterhaufen!«

»Doch. Es sterben so viele darin. Ganze Nester von Rotkehlchen, Amsel oder Zaunkönig, es ist mitten in der Brutzeit. Igel, Amphibien, Wildkaninchen und Hasen suchen in den aufgeschichteten Hölzern Schutz. Manchmal sieht man dann einen brennend herausrennen.«

Dem Mädchen brannten die Augen, vor Entsetzen wagte es nicht zu blinzeln: »Hast … hast du brennende Hasen gesehen?«

»Nein, ich hörte davon. Selbst sah ich die Tiere auch nie. Wenn Menschen drumherum lärmen, ducken sie sich im vermeintlich sicheren Versteck und halten ganz still, statt zu fliehen. Das ist ja das Drama. Aber - ich habe eine feine Nase und noch feinere Ohren.« Tomke wollte sich gar nicht zu genau vorstellen, was er roch und hörte. Sie konzentrierte sich auf die erneut erblassten Strähnen in seinem braunen Gesichtsfell, fand ihn für ein Plüschding recht ausdrucksstark und fragte: »Warum hast du Rudi nichts von deiner Angst gesagt? Dann hätte er dich doch sicher zu Hause gelassen? Oder vielleicht sogar die Tiere gerettet?«

»Nein, ich habe *nie* mit ihm geredet.«

»Mochtest du ihn nicht?«

»Doch! Ich hab ihn sehr, sehr geliebt! Er war mein Kind und jedes Stofftier liebt sein Kind über alles. Aber - ob er mich gehört hätte? Und wenn … Ich wollte ihn nicht verwirren. Er war ein lieber sowie frecher Junge, nur so schrecklich, schrecklich realistisch.«

»War? Ist er auch tot?«

»Nein. Aber erwachsen.« Der Hase schwieg einen Moment, dann erklärte er: »Das ist für ein Stofftier wohl so ziemlich dasselbe.«

»Wenn du jetzt nicht kommst, esse ich deine Kartoffeln«, brüllte die Erwachsene aus der Küche.

◆

Haken schlagend flitzte der Feldhase mit dem Körbchen auf dem Rücken über den menschenleeren Strand. Die Eier hüpften besorgniserregend, doch keines fiel heraus. Niemand sah ihn ins vermeintlich sichere Unterholz schlüpfen. So frei und erwachsen hatte er sich noch nie gefühlt, was für ein tolles Abenteuer! Wohlig zusammengerollt, schlummerte er bald ein.

◆

»Fragen wir ihn doch selbst. Er lebt ja noch«, antwortete die Mutter nach dem Essen, bei dem Tomke sie bezüglich der Hamburger Verwandtschaft gelöchert hatte und zudem wissen wollte, wie die früher Ostern gefeiert haben. Das mütterlicherseits geplante Thema ›Osterlachen‹ musste dahinter zurückstehen, vielleicht bis nächstes Jahr.

Maria suchte in alten Adressbüchern nach Rudis Anschrift, erfreulicherweise fand sie dazwischen einen neueren Zettel, aus den Anfängen des Digitalzeitalters. Sie schrieb eine Email an den darauf vermerkten Kontakt. Als recht bald die Antwort kam, wunderte Tomke sich über das traurige Gesicht ihrer

Mutter. Was wusste das Kind davon, wie sehr sie seit dem Weihnachtsmarkt auf einen anderen Absender hoffte. Maria seufzte tief, dann wischte sie die Hoffnung wie gehabt aus dem Kopf und las Rudis Email vor: »Zu Ostern fällt mir im wesentlichen Ostern in Blankenese als kleiner Knirps ein. Wir waren die Truppe vom Krumdal und Elbstrand, die nach Weihnachten die ausgedienten Tannenbäume einsammelten und in verschiedenen Lagern versteckten. Ähnliche Trupps gab es weiter östlich am Knüll und im Westen bei Harmstorf. Gegen Ostern wurde es dann hektisch – schon vor Ostersamstag versuchten die konkurrierenden Truppen herauszufinden, wo die gesammelten Tannenbäume lagerten – und es kam vor, dass ein Trupp den anderen bei Nacht beklaute. Aber das ging meist nicht ohne Geraschel ab, so dass der Wachdienst Alarm rief und dann gab es Boxkämpfe und Flucht der Klauer. Am Ostersamstag frühmorgens wurden dann alle gelagerten Tannenbäume (manchmal bis zu 250 Stück) runter zum Elbstrand geschleppt, um das Osterfeuer aufzubauen. In der Mitte musste ein ganz großer Baum oder ein Pfahl (manchmal aus der Elbe gefischt) sicher in ein geschaufeltes Loch in den Elbsand gerammt werden – das war das Rückgrat der angehäuften Tannenbäume und des sonstigen brennbaren Strandgutes. Manchmal kamen auch ausgediente Holzmöbelstücke dazu. On Top of all wurde dann eine große Puppe oder eine Flagge gestellt.«

Das musste der Hase hören! Zappelig rutschte Tomke auf Mutters Schoß herum.

»Wird es dir langweilig?«

»Nee!«

»Soll ich weiterlesen?«

»Ja. Oder – später. Oder ich …«

»Möchtest du es selbst lesen?«, erriet die Mutter fünfzig Prozent ihrer Gedanken.

»Jaaa! Druckst du mir das aus?«

Maria freute sich über ihr kleines, lesefreudiges Schulkind und schaltete den Drucker an.

◆

Womit der Stadtosterhase nicht gerechnet hatte, war die eigene Müdigkeit nach einem langen, aufregenden Tag. Erschöpfte Hasenkinder schlafen tief, wie alle Kinder. Fährleute nicht. Die stehen wie alle Schiffer extrem früh auf und fahren, fahren, fahren. Die Kombination dieser beiden Umstände stand der wohlüberlegten Hasenplanung bezüglich der Heimreise leider entgegen.

◆

Tomke kuschelte sich mit ihrem Hasen ins Bett und las ihm den zweiten Teil der Email vom Ausdruck vor: »Wir war, waren aaalle klein, kleine Ar … aaachi … was is'n das für ein Wort, acte … tek … ten … «, suchte sie, wie jeder Erstklässler, anfänglich die Buchstaben und Zusammenhänge. Ermunternd strich der Osterhase mit den Löffeln über ihren Mund. Da flossen die Worte auf einmal ungehindert heraus, oder zumindest schien es beiden so:

» … alle kleine Architekten – Jungens und Mädchen – denn die Baumpyramide stand sicher. Ausgesprochenes Pech hatten wir nur einmal – als heftiger Nordwestwind und Flut bis an den Baumturm heranspülten. Aber dann wurde das Feuer etwas früher – vor Beginn der Dunkelheit (meistens gegen 19 Uhr) – angesteckt. Flammenfördernde Mittel – Papier und auch Benzin - wurden zur Zündung eingebracht. Wir verabredeten dann einen Countdown und jeder der ein Streichholz (Stritscher) hatte durfte zünden. Dann mussten wir aber auch schnell rückwärts gehen, um der sich ausbreitenden Hitze zu entgehen. Da standen und saßen wir mit vielen Schaulustigen im Elbsand (der Strandweg war in der Regel knüppeldicke voller Zuschauer) und sangen (als wir älter wurden tranken wir auch mal ein Likörchen oder Schnäpschen) und klönten bis in die späte Nacht. Muttern war nachsichtig, wenn wir spät nach Hause kamen. Am nächsten Morgen (Ostersonntag) schwelten die Reste (vor allem der Mittelstamm) noch vor sich hin und alle trafen sich erneut zur Nachfeier.«

»Ja, genau so war es. Ich erinnere mich. Bin jedes Jahr fast gestorben vor Angst.«

»Aber Tiere hatten doch kaum Gelegenheit zwischen den Tannenbäumen Unterschlupf zu suchen, wenn sie es erst morgens aufbauten?«

»Mmmh, ja, alle paar Jahre eines, das über Tag rein schlüpft, ist auch zu viel, oder? Und später erlebte ich andere, die schon Wochen vorher fertig waren.«

»Mama erzählte mal, das Holz muss am Osterfeuertag total umgeschichtet werden, damit die Tiere abhauen.«

»Sagt das Gesetz. Hältst du dich immer an alle Gesetze?«

»Ja«, glaubte Tomke.

»Oh. Ach weißt du, mit den Erwachsenen ist das so eine Sache«, wand sich der Hase, wie er diese Diskrepanz erklären könnte. »Für die sind Gesetze ein wenig wie, ja genau, wie Regeln von Eltern. Gehst du immer gleich ins Bett, wenn Mama das sagt?«

»Nö. Aber deswegen sterben keine Tiere.«

Wie recht Kinder oft haben, dachte der Hase, *aber zustimmen darf ich nicht. Denn wenn sie später irgendeinen Mist baut und begründet, ich hätte gesagt, es wäre pure Herzensentscheidung, an welche Gesetze man sich hält, steckt ihre Mutter mich schnurstracks in die Altkleidersammlung.* Darum erzählte er lieber weiter: »Zum Glück blieb mir das riskante Jungs-Getue später erspart, als Rudi mich an seine Tochter vererbte. Die schaute die Feuer nur aus respektvollem

Abstand an, und irgendwann ging sie gar nicht mehr hin. Vielleicht gibt es auch keine mehr, vielleicht haben sie eingesehen, wie gefährlich es ist. Für Mensch und verstecktes Tier.«

»Doch, die gibt es auch in Hamburg noch«, widersprach Tomke. »Hör zu, die Email ist noch nicht zu Ende.«

Sie rückte den Hasen in ihrem Arm zurecht, zog die Bettdecke bis ans Kinn und las weiter: »Die Osterfeuertradition in Blankenese hält unverändert an. Allerdings helfen die Eltern den Kindern, die Bäume an den Strand zu bringen (manchmal aus sicheren Lägern per Lastwagen). Und es wird viel mehr Alkohol gesoffen als früher. Dazu gehört dann auch Cognac und Whisky. Ansonsten gab es – wie wohl überall – am Ostersonntag Ostereiersuchen (die von den Eltern zuvor versteckt wurden), die aber manchmal erst im Sommer wiedergefunden wurden.«

»Woher will der das alles wissen! Immer diese Verdächtigung der Eltern!«, schimpfte der Osterhase in seiner Ehre als Eierverstecker gekränkt: »Und vom Feuer hat er erst recht keine Ahnung. Er ist doch gar nicht mehr in Hamburg, sondern in Australien. Und da sind solche Osterfeuer natürlich total illegal!«

»Illegal? Übertreibst du nicht ein wenig?«

»Nee gar nicht, obwohl Ostern da im Herbst ist, in der Trockenheit sind offene Feuer, na ja, halt brandgefährlich. Darin sind die Australier schon ganz klug.«

»Ich hör immer Australien. Das ist ziemlich weit von Hamburg. Wie du zurückgekommen bist, weiß ich ja, aber das war doch ein one-way-retour? Ich meine, Rudi wird wohl kaum mit dem Weihnachtsmann gereist sein?«

»Woher kannst du so englische Wörter?«

»Keine Ahnung. Ist vielleicht dein australischer Geist, der ausstrahlt. Passierte gerade so in meinem Kopf, was heißt das eigentlich?«

»Glaube irgendetwas mit Einweg und Mehrweg.«

»Ach, ich dachte ein australischer Hase versteht das.«

»Ich bin kein australischer Hase!! In Hamburg ging es mir noch viele Ostern gut. Rudis Tochter war reizend, fand brav alle Eier, die ich ihr versteckte und mied die verdammten Osterfeuer. Da wollte ich nie weg!«

»Egal. Mehrwege hin oder her, wie bist du hingekommen, über das Meer?«

»Da kam dieses Jobangebot in Australien. Rudi verkaufte einfach das wunderschöne Haus, wanderte mit all seinen Kindern aus, schwupps saß ich zwischen den Kängurus, bekam Konkurrenz vom Bilby und das Elend … na ja, hab ich ja schon erzählt.«

»Das habe ich auch nicht gefragt. Übers Meer, war die Frage.«

»Im Koffer der Tochter war Lufthansa noch kein Problem.«

»Ach stimmt, klar«, bedauerte Tomke diese einfache Lösung und gähnte. Eine andere Art Weihnachtsmanntaxi wäre spannender gewesen. Sie zog dem Hasen die Bettdecke über das Näschen und beide schlossen die Augen. Sie real, er nur im Geiste, denn die Glasaugen machten das Wimper-Klimper-Spiel ja nicht mit.

◆

Als der junge Feldhase gegen Mittag ausgeschlafen sein Näschen aus dem Reisig in den Wind streckte, zog er es sofort wieder zurück und presste sich flach auf den Bauch. Denn es herrschte bereits Hochbetrieb, auf der Fähre sowie am Strand. Das Schiffchen konnte er für heute als Taxi vergessen, er musste seine Planung anpassen. Da half nur den Tag abwarten und später im Schutze der Dunkelheit zurück über die Brücke hoppeln. *Lieber ein Donnerwetter vom alten Hasen, als zum Ostersonntagmorgen nicht mit den Eiern im Schnoor sein,* ergab er sich in sein Schicksal. Wenigsten war er bis dahin vom Holzhaufen vor den Windböen behütet, die heute ganz schön um die Ecken pfiffen und Sandkörner aufwirbelten.

◆

Feuerräder wirbelten den Hang hinab. Auf dem Gipfel fesselten maskierte Weihnachtsmänner einen verzweifelt zappelnden Osterhasen in die Mitte eines Holzrades, entzündeten den strohumwickelten Rand und rollten das brennende Inferno den anderen hinterher. Die Flammen pfiffen und heulten, der gekreuzigte Hase auch. Zu allem Übel schleuderten Kinder Steinbrocken, um die mächtigen Räder aus ihrer Bahn zu werfen. Einer traf den Hasen. Da war er endlich still. Ganz still. Sein Rad rollte vom Hügel und langsamer werdend durch die Dorfstraße, kullerte gegen eine weiße Hauswand, legte sich hin und brannte aus, bis nur noch ein Häuflein Asche auf dem Boden lag.

Der Stoffhase floh vor dem sich wild wälzenden Kind auf den Bettrand und betrachtete sie besorgt. Nach einer Weile beschloss er, dass die Zeit gekommen sei, sich in den bösen Traum einzuklinken. Er wandelte ihr auf der Dorfstraße entgegen: »Beruhige dich. Mir geht es gut.«

»Aber du bist gerade verbrannt!«, jaulte Tomke im Schlaf.

»Nein. Es ist nur dein kollektives Unterbewusstsein, das mich auf das Rad band. In Wirklichkeit sitze ich neben dir, auf dem Bettrand und bin quietschlebendig.«

»Was für eine Kollekte?«

»Ach, vergiss es. Unterbewusstsein reicht. Das kennt alle Traditionen aller alten Zeiten. Also weiß es auch, dass tatsächlich in manchen Regionen statt Osterfeuer die Feuerräder entzündet werden.«

»Quatsch.«

Ach menno, dachte der Hase, *dass selbst träumende Kinder so kritisch sein können*, und er ergänzte: »Oder du hast es simpelweg irgendwo gehört, falls du nicht ans Kollektive glaubst. Vielleicht im Fernsehen. So oder so, es ist alles nur ein Traum in deinem flammenden Herzen.« Wie um seine Worte zu unterstreichen, fegte er die Asche von der Dorfstraße mit den Pfoten zusammen und warf sie in einen öffentlichen Mülleimer.

Tomke protestierte: »Du kannst die Angst nicht einfach wegfegen. Meine Angst brennt!«

»Ja. Ich weiß. Verbrenne dich nicht daran, Angst ist ein schlechter Ratgeber.«

»Du sagst doch selbst, Feuer ist gefährlich.«

»Nur, wenn du daran glaubst. Es ist immer deine eigene Glaubensflamme, die deine Gefühle entzündet. Das Feuer liegt in deiner Hand.«

Die kleine Schlafende drehte beide Handflächen in der Luft. Dann öffnete sie ein Auge und flüsterte: »Lebst du wirklich?«

»Natürlich. So wahr du daran glaubst.«

Das Mädchen zog den Hasen von der Bettkante zurück unter die Decke und schlief beruhigt bis weit in den nächsten Tag hinein. Von gelegentlichem Zappeln und Treten abgesehen.

◆

Ob man es nun Ostersamstag, Karsamstag oder irgendeinen Samstag nannte, ausschlafen war auf jeden Fall möglich und das taten Tomke, sowie infolgedessen auch Maria, ausgiebig.

Nach dem Mittagsfrühstück forderte die Mutter ihr Kind auf, trotz eher ungemütlichem Pustewetter noch ein wenig draußen zu spielen. Bereits in ihrem roten Lieblingsmantel, den Hasen darunter versteckt, fragte Tomke beim Anziehen der Schuhe: »Was kann brennen, aber ist im Wasser?«

Selbstverständlich hatte Maria keine Ahnung, dass es sich

um einen Scherz handelte und erklärte sachlich, es gäbe zwar ölige Flüssigkeiten, die auf der Oberfläche treiben und dort entflammen können, auch von Unterwasser-Schweißgeräten habe sie gehört, aber im Wasser könne ansonsten nichts brennen.

»Doch. Holzboot«, triumphierte Tomke und schmetterte die nächste, selbst ausgedachte Witzfrage heraus: »Was ist lang und dünn, aber kein Schiffsmast?«

Maria schloss die soeben geöffnete Wohnungstür, Flurgespräche gingen die Nachbarn nichts an und dauerten meist. Außerdem kamen ihr zu dieser Frage peinliche, nicht jugendfreie Assoziationen, die sie trotz geschlossener Tür lieber nicht aussprach. Stattdessen beteuerte sie ungefähr zwanzig Mal, es gäbe zwar jede Menge lange und dünne Dinge, aber sie hätte keine einzige Idee, welches davon gemeint sein könnte. Schließlich rückte das Kind strahlend mit der Lösung heraus, als wäre diese das Logischste von der Welt und ihre Mutter entsprechend dämlich: »Blitzableiter!«

Maria hätte sich denken können, dass momentan alles mit Feuer zusammenhing und Tomke entsprechend versuchte, sich mit Späßchen zu ermutigen. Aber die nächste Frage klang plötzlich ernst: »Mama, wie sieht ein Bilby aus?«

»Ein was?«

»Bilby. Der australische Osterhase.«

Gehirnspagat, Maria sammelte flugs ihre grauen Zellen und positionierte sie neu, um den Bogen vom Feuer zum Hasen zu schlagen: »Nennen die den da so? Ich dachte, das wäre ›bunny‹ auf Englisch? Ich weiß nur, dass der Osterhase in Australien ebenso zelebriert wird, allerdings ziemlich amerikanisch.«

Tomke verwechselte, wie viele Kinder, regelmäßig die Kontinente Amerika und Afrika, inklusive aller Klischees bezüglich der Ureinwohner: »Cool! Osterhasentanz mit Trommeln und Röckchen aus Blättern?«

»Neeee«, lachte Maria, »im Gegenteil. Gar nicht ursprünglich, mit amerikanisch meine ich, eher modern, also kommerziell.«

»Komm – was?«

Der Hase kicherte an ihrer Brust: »Du sagst fremde Wörter wie ›one-way‹, aber weißt nicht, was ›kommerziell‹ bedeutet?«

»Doch weiß ich das! Der Weihnachtsmarkt ist kommerziell! Hat Mama gesagt.«

»Ja, genau, das habe ich gesagt«, sah Maria sie liebevoll an: *Toll, wie mein schlaues Kind sich selbst Fragen beantwortet.* Der Mutterstolz verbot jeden Zweifel, ob das Wort ›kommerziell‹ korrekt verstanden worden war. Sie eilte zum Computer, um die Ausgangsfrage zu klären: »Jetzt will ich das aber auch wissen. Im Unterschied zu Holzbooten oder Blitzableitern kann ich das Wort suchen.«

Derweil wuchs in Tomke der dringliche Wunsch nach einer Australienreise, denn wenn das hier doch eher kleinere Osterfest dort auch kommerziell, folglich genauso wunderschön und groß war wie der Bremer Weihnachtsmarkt … aber das würde sie Mama nicht verraten. Die schien kommerziell irgendwie doof zu finden. Auf Straßenschuhen folgte sie ins Wohnzimmer.

Maria beantwortete zuerst die Email von Rudi, mit einem dicken Dankeschön für die ausführliche Antwort nach so langer Zeit und inklusive der Frage nach jener seltsamen Bezeichnung des Osterhasen. Dann tippte sie trotzdem selbst ›Bilby‹ in die Suchmaschine. Die gefundenen Bilder zeigten weder etwas unanständiges, was sie bei unbekannten Worten aus dem Mund ihrer Tochter immer fürchtete, noch einen Hasen.

»Wie süüüüüüß! Ich will so eines!«, kreischte Tomke hochfrequent in Mutters Ohr.

Maria drückte ein paarmal den Knorpel über ihrem Ohrläppchen, um ihr Hörvermögen wieder herzustellen und betrachtete nachdenklich die Fotos. Das seltsame Tier erinnerte eher an eine Mischung zwischen Spitzmaus, Känguru und Zwergkaninchen. *Falls es tatsächlich aus diesen Arten zusammengekreuzt war, was die deutsche Bezeichnung ›Kaninchennasenbeutler‹ nahelegte, ist das doch eine etwas unanständige, möglicherweise gentechnisch bedenkliche Mischung*, befürchtete Maria. Zu ihrer Beruhigung fand sie dann aber Bestätigungen, es sei echt australischer Natur und total ›wildlife‹. Ob das reichte, um als modernes, ökologisches Ostertier größeren Anhang zu finden, wusste online allerdings auch keiner. Der im 18. Jahrhundert von den Einwanderern mitgebrachte Hase hatte sich nicht nur im australischen Ökosystem, mangels Fressfeinden, vermehrt wie die Pest, aus der ebenfalls importierten Ostertradition war er auch nicht so leicht zu vertreiben.

Im Unterschied zum Hasen, waren Eier leichter zu ersetzen: Das Mailprogramm blinkte, Rudi hatte postwendend und leicht schnippisch geantwortet: »Wenn das Bilby alles wäre … Weil heutzutage zu viele Kinder Allergien haben, gibt es jetzt vegan eggs, nut free eggs, lactose free eggs, sugarfree eggs, dairy free eggs, eggfree eggs and no chocolate eggs.«

»Alles etwas komplizierter als früher«, grinste Maria. Dann bemerkte sie missbilligend Tomkes Schuhe auf dem Teppich und scheuchte ihr Kind auf die Gemeinschaftswiese des Wohnblocks: »Jetzt aber mal an die frische Frühlingsluft mit dir. Spiel noch eine Runde im Garten, bis wir los müssen. Dass du mir so gesund bleibst, wie du bist, und alle Eierarten essen kannst, die du willst.«

»Mmmmh, auch die mit Eierlikör?«, frohlockte der Hase.

Maria stockte und runzelte die Stirn, als habe sie ihn gehört, dann riss sie schmunzelnd die Wohnungstür auf: »Raus!«

◆

»Alles hat Vor- und Nachteile«, beendete Tomke eine ausführliche Zusammenfassung der soeben gewonnenen Erkenntnisse über Bilbys und Eier, als habe ihr Stofftier nicht die ganze Zeit unter ihrem Mantel mitgelauscht. Sie zog ihn hervor und setzte sich mit ihm unter den Baum auf die Wiese.

Zum Glück sind Osterhasen wiederholungsresistenter als Mütter, der fand es völlig okay, dasselbe nochmal erfahren zu haben und ergänzte: »Ja. Wenn man keine Eier mag, hat sogar Australien kleine Vorteile. Was ich neben all den eierfreien Eiern doch ein wenig vermisse, sind diese superleckeren Hot Cross Buns«, gab der Hase zu.

»Gekreuzigte Hasen?«, kombinierte Tomke scharfsinnig das von Muttern erwähnte Wort ›bunny‹.

Der Hase schüttelte missmutig die Löffel: »Quatsch. Das sind eine Art süße Brötchen mit Jesus Kreuz drauf. Alle essen die, egal ob Jewish, Muslim, Buddhist, Greek Orthodox oder Anglican. Und alle freuen sich, hauptsächlich über Ferien. Religion ist nebensächlich für viele, das ist auch recht locker.«

»Cool. Wenn ich groß bin, geh ich nach Australien«, beschloss Tomke endgültig.

»Och nöööö, nicht schon wieder«, nörgelte der Hase.

»Stell dich nicht an, gibt Schlimmeres als süße Brötchen und Bilbys, oder? Zum Beispiel: Jetzt müssen wir erst Mal das Osterfeuer überleben.«

»Darf ich zu Hause bleiben?«

»Das muss ich mir noch überlegen«, zweifelte Tomke.

»Woran machst du das fest?«

»An der Grundsatzfrage deiner Existenz.«

»Ich dachte, die hätten wir geklärt?«

»Nicht abschließend.«

Der Hase grübelte, wie er sich selbst abschließend legitimieren könnte, wälzte seine Geschichtskenntnisse im Hasenhirnchen herum, zog ein paar zusammenhangslose

Schlussfolgerungen und erschrak dabei vor einer unerwarteten Erkenntnis: »Oh heiliger Oberosterhase! Vielleicht ist der gleiche Grund, der den Hasen zum Osterhasen machte, auch an seinem Tod in den Osterfeuern Schuld!«

»Ach, und der wäre?«

»Hasen kommen seit jeher zum Frühling in die Dörfer. Auf der Suche nach Futter.«

»Na, und?«

»Da die Eltern schon damals in Erklärungsnot waren, wo die versteckten Eier herkommen, schrieben sie es einfach den offensichtlich vermehrt auftauchenden Hasen zu. Und die Hasen hatten und haben in ihrer Not keine anderen Verstecke im Dorf, als die Feuerholzhaufen. Ob Falle oder Krieg oder Ausrede: Die Futtersuche ist immer und an allem Schuld!«

Tomke schüttelte den Kopf: »Darum geht es doch gar nicht. Es geht um dich persönlich! Und du bist niemals auf Futtersuche, mangels Magen. Du kannst auch keine Eier legen und du kannst nicht malen. Du sagst, du versteckst nur. Dich selbst und die Eier, aber *wann* machst du das? Du bist das ganz Jahr Stofftier, wann bist du Osterhase?«

»Ostern.«

»Ach nee, da wäre ich jetzt nicht drauf gekommen«, zickte Tomke, aber fragte dann seriös: »Ich meine, wie versteckst du dich, um heimlich für dein Kind zu verstecken, wenn du doch ständig bei deinem Kind bist?«

»Ach, es fällt *nie* auf, wenn ich eben verschwinde. Das Kind weint, sucht, wird getröstet und plötzlich bin ich wieder da … total normal. Das passiert doch ständig, bei allen Stofftieren, warum nicht auch zur Osterzeit?«

»Das wollen wir doch mal sehen«, drohte Tomke. »Dies Jahr werde ich dich scharf im Auge behalten! Oder am Besten, immer bei mir tragen. Auch zum Osterfeuer. Wenn du keine

Gelegenheit hast, dich vor mir zu verstecken, um zu verstecken, wird sich ja zeigen, ob du der echte Osterhase bist!«

»Mist«, knirschte der Hase mit den Nagezähnen.

◆

Maria sah aus dem Fenster. Wie ihr Kind dort unter dem Baum mit dem Stoffhasen redete, die hellblonden Haare vom Wind zerzaust, war schon ein Osterlächeln wert. So hübsch, so versunken, so vertraut, als wäre am grauen Himmel eitel Sonnenschein und der Hase ihr ewiger, engster Freund. Dabei war vor wenigen Tagen noch ein Einhorn das Lieblingstier gewesen, bald würde es vielleicht der Bär, der Löwe, irgendein uraltes Babyfantasietier oder die blöde Gummischlange sein. Nun war es kurzfristig der Hase, okay, das passte zufällig auch zur Osterzeit. Hauptsache, Tomke verlegte den nicht wieder, jedenfalls nicht, bevor er unwichtig wurde. Das ständige Stofftiersuchen war noch nerviger als die Suche nach Löffeln, Cremes, Bilbys, Verwandten oder dem Sinn des Lebens. Denn als Mutter wusste man von vorneherein, heute ist die Suche lebenswichtiges Drama, doch kaum gefunden, wurde die Fundsache Nebensache und ein anderes Tier der allerbeste Freund. Mit diesem Wissen schien die Suche so dermaßen sinnlos vergeudete Zeit … Maria seufzte mal wieder und räumte die Küche auf. Den Kochlöffel so unschuldig mitten auf dem Fußboden zu entdecken, als hätte er sich nie versteckt, brachte sie zum Schmunzeln. Da sah sie wieder hinaus. *Osterlachen. Aber ja doch.* Schön war es anzusehen, wie die beiden da unter dem Baum saßen. Ihr Kind und sein Hase. Und vielleicht war das alles, was zählte. Vielleicht waren es diese Momente, die jede Suche wert waren? Sogar die nach Hasen und Eiern. Maria sah auf die Uhr, setzte ihr breitestes Osterlächeln auf, öffnete das Fenster und rief: »Kommst du? Wir müssen los, sonst fackelt das Osterfeuer ohne uns ab.«

◆

Die Weser kräuselte ihre Wellen heute wie eine kleine Schwester der Nordsee. Tapfer pflügte die Fahrradfähre ihren viereckigen Bug hindurch in Richtung Osterdeich, drehte gegen den Wind und knallte die Landeklappe im letzter Sekunde auf die Rampe. Tomke war dort die ganze Wartezeit auf und ab gerannt, jetzt tänzelte sie sofort an Bord, obwohl das Boot noch nicht ganz still lag. Der Fährmann hob rügend die Augenbrauen, doch er sagte nichts, sondern belohnte Marias entschuldigenden Blick mit einem freundlichen Nicken.

Am liebsten wäre Tomke den ganzen Abend mit dem Boot gependelt. Nach den wenigen Minuten Überfahrt trottete sie nur widerwillig hinter der Mutter her an Land und tat so erschöpft, als wäre die Betonrampe ein steiler Berg im Unwetter. Was gar nicht so weit hergeholt schien, denn der Wind fegte Sandböen vom Strand darüber hinweg.

Hier stimmt was nicht, hatte Maria bereits auf dem fast leeren Schiffchen geahnt, die Besucher des Osterfeuers hätten an der Fähre Schlange stehen müssen. Das sollte nun Gewissheit werden. Sie näherten sich dem imposanten Holzstapel, neben dem nur eine Handvoll Leute planlos herumstand. Maria steuerte zielstrebig auf diese zu, während Tomke den momentan anscheinend harmlosen Scheiterhaufen näher begutachtete. Der Sturm wehte nur Wortfetzen ihrer aufgeregt mit dem Grüppchen gestikulierenden Mutter herüber: » … wegen dem bisschen Wind? … hätte ich … ein Mist … Radio gehört … abgesagt? … Internet stand es auch? … Weg sparen können …«

Dieses Jahr würde es wegen Sturmgefahr kein Feuer geben, begriff das Mädchen anhand der Stichworte aufatmend. Doch was war das? Zwischen den untersten Holzstücken bewegte sich plötzlich etwas. Sie konnte es kaum glauben: Ein kleiner Feldhase sah ihr direkt in die Augen und mümmelte zufrieden in seinem sicheren Versteck. Hinter ihm schillerten ein paar Farben durch dürre Äste. Etwas Buntes. Runde Formen. *Oh heiliger Oberosterhase!*, dachte Tomke, *sind das Ostereier? Das Geflecht drumherum - ein Körbchen?* War das der echte … reflexartig griff sie an ihre Brust, nach ihrem Hasen. Unter dem Stoff streichelte eine vertraute Stoffpfote sie sanft: »Siehst du ihn auch? Wir beide hatten Recht. Mit diesem Osterfeuer wäre Ostern für einige ausgefallen.«

»Aber *du* bist doch der Osterhase?«

»Es kann *nie* nur einen geben, das weißt du doch schon?«, raunte die hasenzarte Stimme an ihrem Herzen.

◆

In der windigen Nacht zum Ostersonntag hoppelte der junge Feldhase reumütig den Weg zurück über die Brücke und machte sich, etwas übermüdet, aber sichtlich erleichtert, an die Arbeit des wichtigsten Tages seines Jahres. Das einzige Menschenkind, das ihn entdeckt hatte, war so lieb gewesen ihn nicht zu verraten. Wusste es, dass man wilde Tiere in Ruhe lassen soll? Oder wollte es dieses Ostergeheimnis nicht zerstören? Wie auch immer, er hatte Massel auf der ganzen Linie: Auch der alte Hase schüttelte bei seiner Ankunft nur weise die Löffel, es war überflüssig zu schimpfen.

◆

Tomke schlief traumlos.

Der Osterhase kroch unter der Bettdecke hervor, musterte ihre entspannten Züge und lächelte: *Kinder können nicht immer aufpassen.* Geschwind wie der Wind erfüllte er seine Pflicht und stellte sich anschließend mental auf ein langes, ruhiges Jahr im Stofftiersack ein.

◆

Maria beschwichtigte sich selbst, ein Jahr sei schnell um. Statt den Ärger zu züchten und zu pflegen, versuchte sie lieber, sich wie zuvor auf die Möglichkeiten zu freuen. Die mit der E-Mail vom Weihnachtsmarktmann sowie die des nächsten Osterfeuers. Irgendwann würde garantiert mal irgendwas klappen. Doch jetzt galt es zuerst, heimlich Eier für morgen zu verstecken.

Sie schlich sich aus der Wohnung auf die nächtliche Gemeinschaftswiese und trat nach wenigen Schritten auf etwas knisterndes im Gras. Im Schein der Taschenlampe kratzte sie die zermatschte Verpackung von ihrer Schuhsohle und las: »Eierfreies, veganes Vanille-Ei.« *Sehr seltsam.* Das Folienpapier glitt ihr aus der Hand und wehte glitzernd über das Gras in die Finsternis. Sie juckte sich zwischen den Fingern und wollte einen Schokohasen hinter einen Busch legen. Doch da stand bereits ein ganzes Nest mit bunten Hühnereiern, an dessen Unterseite Sandkörner klebten. Und das war nur der Anfang. Wo sie auch schaute, fand sie Osterartikel. Zu müde zum Wundern, legte sie ihre Eier schlichtweg dazu und sich selbst schnurstracks ins Bett. Irgendein Nachbar beziehungsweise Osterhase war ihr wohl zuvorgekommen. Oder mehrere. Eventuell konnte man sich auf die Traditionen doch verlassen.

Frohe Ostern!

◆ ◆ ◆

Das Schmunzeln mit Maria und Tomke geht weiter:
Neue Folgen der »Magischen Elternrealität« sind geplant, jeweils zum Fest brandaktuell digital zu entdecken im
www.autoren-adventskalender.de
sowie auf der Webseite der Autorin: www.medienschiff.de

Wenn Ihnen dieses Buch Freude gemacht hat:
Autoren freuen sich riesig über Feedback. Schon eine ganz kurze Meinung in den Online-Buchportalen hilft anderen Leser*innen bei der Einschätzung eines Buches. Es wäre toll, wenn Sie sich kurz die Zeit dafür nehmen mögen.

Der nächste *gedruckte* Sammelband erscheint dann entsprechend ein paar Ostern und Weihnachten voraus in der Zukunft.

Und zwischen den Festtagen? Einfach weiter lächeln!
Mit Büchern von Rega Kerner.

Auf baldiges Wiedersehen oder Wiederlesen – in den Büchern, im Internet und sozialen Medien, in der Stadt, an Land oder auf dem Wasser …

Und weil man es gar nicht oft genug wünschen kann:
Frohe Weihnachten, Ostern, Pfingsten, guten Rutsch, alles Gute zum Geburtstag sowie viel Spaß bei allem, was sonst noch so gefeiert wird. Und zwischen dem ganzen Rummel jede Menge Humor und Gelassenheit, für ein glücklicheres Leben!

Schiffschwein Spekje

Roman
240 Seiten, Taschenbuch,
12,90 Euro
ISBN 978-3-73081-324-9

Wir waren uns also einig. Bis wir, wieder einmal, vom Rhein in den Main einfuhren. In einer Stunde kriegst du dein Schwein .

Da sah ich sie wieder vor mir, die winzigen fröhlichen Ferkel, wie sie im vergangenen Jahr über das Schleusengelände flitzten. Ihre stolze Muttersau, die schimpfend, mit wackelndem Bauch und schwenkenden Zitzen hinter den Wildfängen her schnaufte. Aber eines zu retten, zu wählen, hieß ja auch, alle anderen zurückzulassen. Also fragte ich, ob wir nicht zwei mitnehmen können? Oder am besten alle? Ben schüttelte grinsend den Kopf, dass die Haarstoppeln wackelten. Eins oder keins. Jetzt oder nie. In derselben Sekunde strampelte sich ein Ferkel frei, plumpste unsanft auf den Boden, rappelte sich hoch, raste blind vor Angst auf mich zu und sprang mir direkt in die Arme. Ich hab dich. Und lass dich nie mehr los. Du hast mich vorhin angeschaut und bist jetzt gesprungen. Du willst das Schiffsleben, das wir dir anbieten.

Wer Schiffe klaut, kriegt nasse Füße

Roman, ab 14 Jahren,
232 Seiten, Taschenbuch,
12,90 Euro
ISBN 978-3-95494-155-1

Wer wegläuft kommt auch irgendwohin.
Oder ist der Fluss das Ziel?

Karla will nur eins: Nichts wie weg, weg von zuhause. Ein scheinbar verlassenes Stahlboot im Museumshaven Vegesack zwinkert ihr mit rostigem Bullauge zu, sie klettert spontan an Bord. Ihre gut erzogene Freundin Lara folgt, wenn auch widerwillig.

Völlig planlos, aber mit Mut zur Albernheit erforschen die beiden die Gewässer bei Bremen und umzu, stromabwärts lockt heimtückisch das ferne Meer. Sind sie schon Piratinnen oder üben sie noch?

Unterstützung kommt vom Kapitän eines Binnenschiffs, doch sein Matrose sorgt für Liebesverwirrungen und stellt die Freundschaft der Mädchen auf eine harte Probe.

Wer rennt im Advent?

Es ist Advent Advent,
wenn Mutter in die Läden rennt.
Zwischen Klopapier und Linsen
sieht sie Weihnachtsmänner grinsen.
Allüberall, teuer oder Sonderangebot,
glitzert Süßkram, überwiegend rot.
Auf der Liste noch die Rezept-Zutaten,
flott gekritzelt, manches muss sie raten.
Sie greift schnell alles aus Regalen
und wartet Stunden auf's Bezahlen.

Es ist Advent Advent,
wenn Vater in die Kneipe rennt.
Der Tannenduft steigt ihm zu Kopf,
zuhause klappern Ofen und Topf,
die Kinder brüllen: »Wann wird beschert?
Ich will Pferd, Auto und Puppenherd.«
Mutter fragt um ein Abendkleid
und ähnliche Bescheidenheit.
Er schaut seufzend ins Portemonnaie,
noch ein Bier tut dann auch nicht mehr weh.

Es ist Advent Advent,
wenn das Kind zum Adventskalender rennt.
Den Inhalt muss es vor der Schule wissen,
in Schokolade wird gleich rein gebissen,
am Säckchen für morgen fragend gefühlt,
und alle anderen durcheinander gewühlt.
Ach, bemüht sich die Mutter noch so sehr,

im Kalender der Freunde ist besseres und mehr.
Ein Blick aus dem Fenster, es hat nicht geschneit
das raubt den kindlichen Rest der Fröhlichkeit.

Es ist meist der Advent Advent,
wenn man es jetzt mal beim Namen nennt,
weder friedlich noch fromm noch leise,
doch mag ich ihn, auf meine Weise.
Advent Advent, bleibt was jeder daraus macht,
die einen lassen sich jagen, die anderen lächeln sacht.
Ich zünd' jetzt eine Kerze an, für alle die da rennen,
seh' ihr ruhig zu und geh' danach besinnlich pennen.

◆ ◆ ◆